FANTASTIC

NEW BRUNSWICK
NOUVEAU-BRUNSWICK

FANTASTIQUE

PHOTOGRAPHY BY / PHOTOGRAPHIES PAR
BRIAN ATKINSON

FRENCH TRANSLATION / TRADUCTION FRANÇAISE
JOSÉ DEMERS BEAUDET

NIMBUS
PUBLISHING

Nimbus Publishing Limited
PO Box 9166
Halifax, NS B3K 5M8
(902) 455-4286
www.nimbus.ns.ca

Printed and bound in Canada

Design: Graphic Detail, Charlottetown, PEI
Author photo: Glen D. Ross

National Library of Canada Cataloguing in Publication

Atkinson, Brian, 1951-
Fantastic New Brunswick / photography by Brian Atkinson ; French translation, José Demers Beaudet = Nouveau-Brunswick fantastique / photographies par Brian Atkinson ; traduction française, José Demers Beaudet.

Text in English and French.
ISBN 1-55109-436-3

1. New Brunswick—Pictorial works. I. Demers Beaudet, José II. Title. III. Title: Nouveau-Brunswick fantastique.

FC2462.A85 2003 971.5'104'0222 C2003-901940-3E
F1042.8.A85 2003

We acknowledge the financial support of the Government of Canada through the Book Publishing Industry Development Program (BPIDP) and the Canada Council for our publishing activities.

Facing Page: Young boy searching the shore at St. Martins

À droite : Jeune garçon explorant la rive, St Martins

Nimbus Publishing Limited
C.P. Boîte 9166
Halifax (N.-É.) B3K 5M8
(902) 455-4286
www.nimbus.ns.ca

Imprimé et relié au Canada
Photo d'auteur: Glen D. Ross

Graphisme : Graphic Detail, Charlottetown, Î.-P.-É.

Catalogage avant publication de la Bibliothèque nationale du Canada

Atkinson, Brian, 1951-
Fantastic New Brunswick / photography by Brian Atkinson ; French translation, José Demers Beaudet = Nouveau-Brunswick fantastique / photographies par Brian Atkinson ; traduction française, José Demers Beaudet.

Texte en anglais et en français.
ISBN 1-55109-436-3

1. Nouveau-Brunswick—Ouvrages illustrés. I. Demers Beaudet, José II. Titre. III. Titre: Nouveau-Brunswick fantastique.

FC2462.A85 2003 971.5'104'0222 C2003-901940-3F
F1042.8.A85 2003

Nous remercions le gouvernement du Canada qui, par le biais de son programme d'aide au développement de l'industrie de l'édition (PADIÉ) et le Conseil des Arts du Canada, nous a accordé son soutien financier.

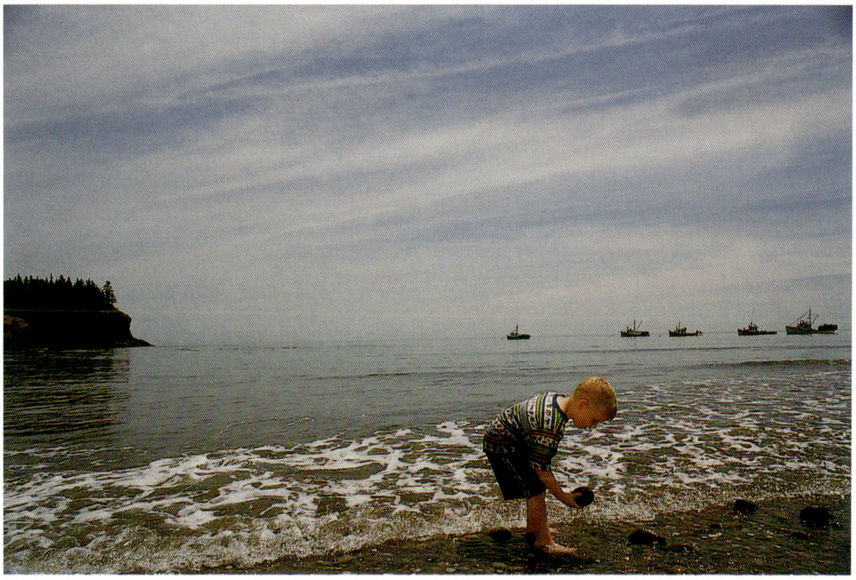

Dedication:
To my brother, Bruce Atkinson, whose ship is making for port, my parents Andrew and Helen Atkinson, and my partner, Jill Peters.

Dédicace:
À mon frère Bruce Atkinson qui rentre au port.
À mes parents Andrew et Helen Atkinson.
À ma compagne Jill Peters.

PREFACE / PRÉFACE

I'm writing this preface after returning to New Brunswick from a six-week photo assignment in Guatemala, a land of smoking volcanoes, colourful highland villages, dense jungles, and heat. I came back to, and for, winter in New Brunswick, and those brilliant, blue-soaked skies that run for days on end at this time of year.

I had flown into Toronto, then jumped in my car for the last leg home. By the time I turned south at Rivière du Loup and headed for the New Brunswick border, the sun was setting. By the time I reached Edmundston, a full moon was casting shadows along the St. John River valley. I was back on my home turf. I knew every bend in the road, and under the moon's light, I could pick out the places where, at some time or another in the past twenty years, I had stopped to pull out my camera. I was back in New Brunswick and I couldn't stop smiling. I've been to over fifty countries and seen most of Canada, but I can't think of any other place I would rather call home—even if it is by accident that I call it anything at all.

In November 1982, I was living in Victoria when my partner, Jill Peters, suggested we visit her relatives in New Brunswick. Having never been east of Montreal, I thought a couple of months "down east" sounded perfect. I hadn't seen much snow for a few years either, so arriving in winter would be that much better.

A few weeks later we were getting off the train in Saint John on a cold, grey, pre-Market Square day. After a couple of days in Saint John visiting Jill's mother, Lauza, we jumped on an SMT bus—all my life I thought the only buses in Canada were Greyhounds—and headed for Woodstock, then on to Debec, where Jill's sister Sandi lived, and the cabin. Then my first snowfall hit—a blizzard really. And not a pub or a fiddle in site. (For some reason, I had thought New Brunswick would be something like Ireland, with just a slight change of accent.) But it was only going to be for a couple of months, then we'd be back on the west coast.

Twenty-years later and I'm still here. It wasn't easy at first: frozen pipes made cabin life a bit more work than a city boy fresh out of Victoria was ready for. And trudging across a windswept field of snow for water (and a shower) seemed a bit much for the latter part of the twentieth century. In fact, exchanging a life in the city for one filled with moose, deer and howling coyotes took some getting used to. But then spring came, fields of wild flowers appeared, and the sound of the occasional black fly or mosquito caught my ear.

Eventually I started shooting for New Brunswick's tourism department and that meant trips up and down the St.

De retour d'un séjour de six semaines au Guatemala, où j'ai réalisé un photo reportage sur ses volcans en activité, ses villages de montagne colorés et ses jungles denses, il me tardait, après la chaleur, de revenir au Nouveau-Brunswick pour profiter des radieuses journées d'hiver qui confèrent au ciel un bleu éclatant.

À peine débarqué de l'avion à Toronto, j'ai sauté dans ma voiture pour revenir chez moi, au Nouveau-Brunswick. Lorsque j'ai atteint Rivière du loup où la route bifurque vers le sud, le soleil se couchait. À Edmundston, la pleine lune projetait des ombres sur la vallée de la Saint-Jean. J'étais arrivé chez moi. Connaissant le moindre virage, je pouvais distinguer au clair de lune les endroits où, au cours des vingt dernières années, je me suis maintes fois arrêté pour prendre des photos. Je ne cessais de sourire, heureux d'être de retour au pays. J'ai visité plus d'une cinquantaine de pays et presque tout le Canada mais le Nouveau-Brunswick est ma terre d'accueil.

C'est en novembre 1982 que ma compagne Jill Peters me proposa de rendre visite à sa famille au Nouveau-Brunswick. Nous vivions alors à Victoria et n'étant jamais allé audelà de Montréal je pensais que quelques mois dans l'Est, en hiver de surcroît, pourrait être agréable.

Quelques semaines plus tard, par une journée froide et grise, nous débarquions du train à Saint John, la veille du marché de Market Square. Après être restés quelques jours dans la capitale chez Lauza, la mère de Jill, nous sommes partis en autobus de la SMT visiter sa sœur Sandi à Debec, près de Woodstock (quelle ne fut pas ma surprise d'apprendre qu'il n'y avait pas que des autobus Greyhound au Canada). Puis ce fut le camp et ma première chute de neige – une tempête pour ainsi dire – et pas un seul *pub* ou violon à l'horizon. (Je m'étais imaginé que le Nouveau-Brunswick ressemblerait à l'Irlande, l'accent en moins.) Mais après tout, dans quelques mois nous serions de retour sur la côte Ouest.

Vingt ans plus tard, j'y suis encore. Ce furent des débuts difficiles. La vie à la campagne se révélait un peu rude pour un gars ayant récemment quitté une ville comme Victoria : en raison des tuyaux gelés il nous fallait traverser des champs de neige à la marche pour avoir de l'eau (et prendre une douche), ce qui m'apparaissait une absurdité en cette fin de vingtième siècle. Troquer la compagnie de mes pairs pour celle des orignaux et des chevreuils sur fond de hurlements de coyotes a exigé de moi une certaine souplesse. Le printemps apparut enfin et avec lui les champs de fleurs sauvages et le bourdonnement occasionnel des mouches noires et des maringouins.

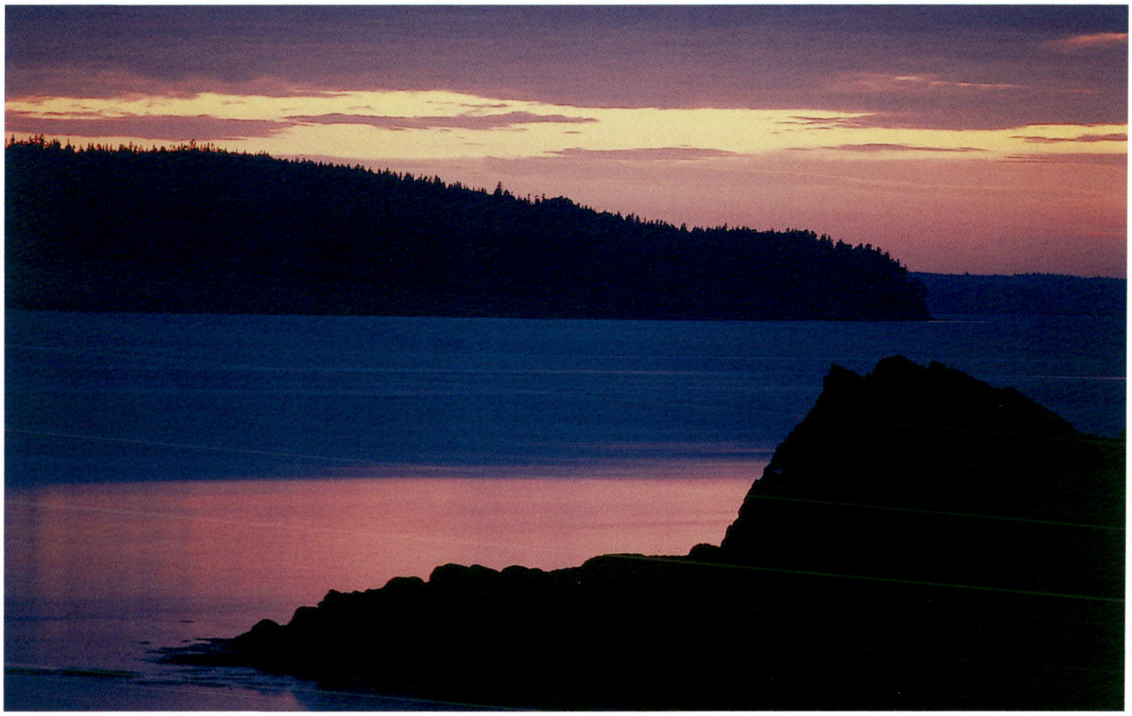

Sunset on the south end of Deer Island, facing Maine / Un coucher de soleil au sud de Deer Island face à l'état du Maine

John River Valley, the Miramichi, and the Restigouche. It meant gliding out from St. Andrews across the waters of the Bay of Fundy looking for whales or docking at Grand Manan, Deer Island, and Campobello Island. It meant climbing down the cliffs at the Hopewell Rocks—a sometimes submerged replica of the badlands I know so well from growing up in Alberta. Moncton, Saint John, and Fredericton were also on this list, along with the towns of the North Shore: Neguac, Caraquet, Tracadie-Sheila, Lamèque, Miscou, Bathurst, Campbellton and many more.

Walt Whitman has poems in which he lets place names speak with their own rhythms. When I pull out a map of New Brunswick, which after twenty years is almost a part of me, and read off the names—Meduxnekeag, Kennebecasis, Quispamsis, Washademoak, Tabusintac, Kedgwick, Bouctouche, Kouchigbouguac, Mactaquac, Fundy and all the others—I think I am listening to one of his poems. And I know I won't be leaving. New Brunswick is now my home, and I feel lucky that I took that two-month trip twenty years ago.

Brian Atkinson

À la demande du bureau de tourisme du Nouveau-Brunswick, j'ai commencé à photographier les rives de la vallée de la Saint-Jean, de la Miramichi et de la Restigouche. À partir de St Andrews, j'ai exploré les eaux de la baie de Fundy à la recherche de baleines, accosté à Grand Manan, Deer Island et à l'île de Campobello et descendu les falaises des rochers de Hopewell – une réplique parfois submergée des *badlands* albertains, un endroit que je connais bien pour y avoir grandi. J'ai aussi saisi des images de Moncton, Saint John et Fredericton et des villes de la rive nord : Neguac, Caraquet, Tracadie-Sheila, Lamèque, Miscou, Bathurst, Campbellton et bien d'autres.

Walt Whitman laisse les noms des lieux guider le rythme de ses poèmes. Lorsque je consulte la carte du Nouveau-Brunswick maintenant si familière et que j'y lis les noms des différents endroits – Meduxnekeag, Kennebecasis, Quispamsis, Washademoak, Tabusintac, Kedgwick, Bouctouche, Kouchigbouguac, Mactaquac, Fundy et tous les autres – j'ai l'impression de lire un de ses poèmes. Je sais que je ne quitterai pas cet endroit. Le Nouveau-Brunswick c'est désormais chez moi et je me trouve très chanceux d'avoir accepté l'invitation d'entreprendre ce voyage il y a vingt ans.

Brian Atkinson

INTRODUCTION

New Brunswick is a province of contrasts. Even the borders that define the place display this: indented coastlines strike arbitrary straight lines; meandering river boundaries turn suddenly into ruler-precise edges, then revert from geometry to nature once more. A journey through the land enclosed by the borders is filled with contrasting images.

The dramatic tidal changes of Fundy, miles of glistening mudflats drowned by rushing foamy waves; the jagged bare rocks of Mount Carleton and the soft table-flat peat bogs of the Acadian Peninsula; sea cliffs and salt marshes; lakes and waterfalls...and the contrasts continue in the created landscape: century-old covered bridges and soaring concrete and steel spans; heritage buildings and glass towers; diverse forests and conifer plantations; meticulously cultivated fields and overgrown pastures.

Nor are the contrasts limited to landscapes, human or natural: New Brunswick is Canada's only officially bilingual province; the predominantly French-speaking culture of the north contrasts with the predominantly English-speaking culture of the south, the two influencing each other as they rub together.

All journeys take the traveler through both time and space. The New Brunswick journey begins a very long way back in geological time: billion year-old pre-Cambrian bedrock is part of today's landscape in the city of Saint John. In that huge sweep of time, ancient oceans form and close, continents collide, mountains higher than the Andes are raised and worn down to the low hills seen near Moncton today, volcanoes erupt with seas of lava then become extinct, mile-thick glacial ice covers the entire province, then abruptly melts, leaving the lakes and ponds and long gravel ridges known as "horsebacks" to enrich today's landscape contrasts.

Soon after the departure of the glaciers about 15,000 years ago, the first people came to live in New Brunswick. They were hunters, following the caribou; both they and the caribou were part of the great northward migration of species into the newly ice-free land. As the millenia passed, rivers and streams carved their channels in the landscape—New Brunswick is still one of the most well-watered places on Earth—forests spread and matured, and the ecology took on more complex forms. The remote ancestors of today's Mi'kmaq and Maliseet people established themselves along the coasts and the major rivers, a pattern of human settlement that has been continued by all subsequent immigrants and which remains characteristic of the way we live today.

Le Nouveau-Brunswick est une terre de contrastes. Contrastes improvisés par un littoral dentelé qui tire arbitrairement des lignes droites. Contrastes créés par des rivières dont les courbes s'alignent soudainement avec une précision géométrique. Contrastes multiples qui se manifestent aussi dans l'enclave de ses bornes.

Aux marées spectaculaires de la baie de Fundy inondant de leurs vagues écumantes l'immense miroir des vasières, aux rochers dénudés et découpés du mont Carleton et aux tourbières plates de la péninsule acadienne, aux falaises du bord de mer et aux marais salants, aux lacs et aux chutes se marient des paysages construits par l'homme: ponts couverts centenaires, colonnes de béton et travées d'acier; édifices du patrimoine et tours de verre; forêts aux essences variées et pépinières de conifères; champs minutieusement cultivés et prés envahis par la végétation.

Ces contrastes ne se limitent pas aux seuls paysages humains et naturels puisque le Nouveau-Brunswick est officiellement la seule province bilingue du Canada. Francophones et anglophones cohabitent même si les premiers vivent pour la plupart dans le nord et les seconds, dans le sud.

Traverser le Nouveau-Brunswick c'est voyager dans le temps et dans l'espace comme en témoigne l'âge du substratum rocheux de Saint John: un milliard d'années! Au cours de la longue période géologique que fut le Précambrien, des océans se sont formés et ont disparu; des continents se sont entrechoqués; des montagnes plus hautes que celles de la cordillère des Andes ont surgi puis se sont usées au point d'atteindre la taille des collines qui entourent aujourd'hui Moncton; des volcans actifs se sont éteints après avoir déversé des mers de lave; les quinze cents mètres de glace qui recouvraient toute la province ont soudainement fondu pour former lacs, étangs et crêtes de gravier – les *horsebacks* – qui parsèment aujourd'hui la province.

Peu après la disparition des glaciers, il y a environ 15 000 ans, arrivèrent les premiers habitants du Nouveau-Brunswick. Ils étaient des chasseurs à la poursuite des caribous. Hommes et bêtes faisaient partie de la grande migration des espèces vers le Nord sur une terre récemment libérée de ses glaces. Au fil des siècles, des cours d'eau ont creusé leurs sillons – le Nouveau-Brunswick demeure l'un des endroits les mieux irrigués de la planète – des forêts ont poussé et l'écologie s'est diversifiée. Les ancêtres éloignés des Micmacs et des Malécites se sont établis le long des côtes et des principales rivières, un modèle d'occupation humaine copié par les vagues subséquentes

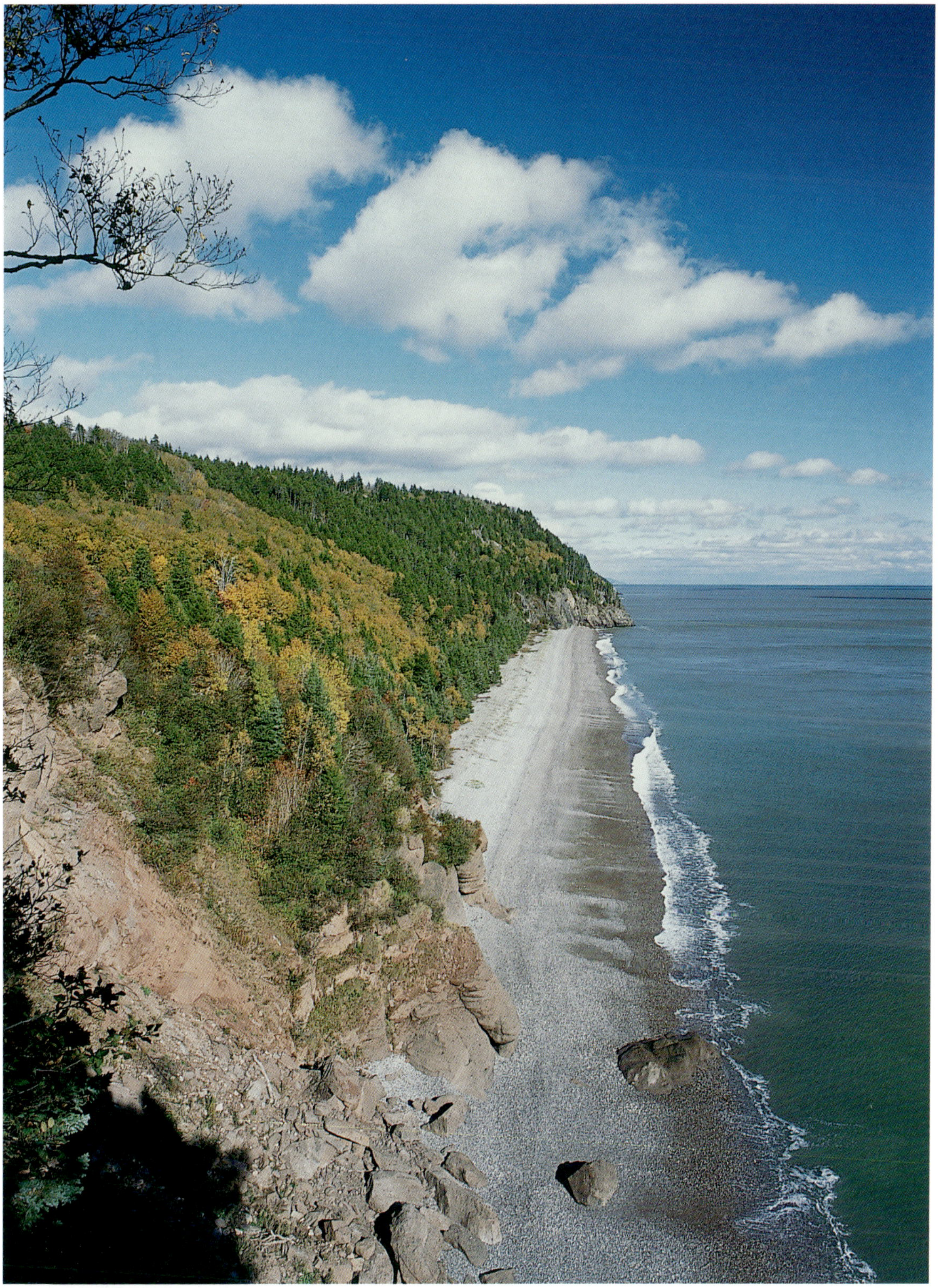

View from Melvin Beach lookout on the Fundy Parkway / Vue du belvédère de la plage Melvin en bordure de la route panoramique Fundy

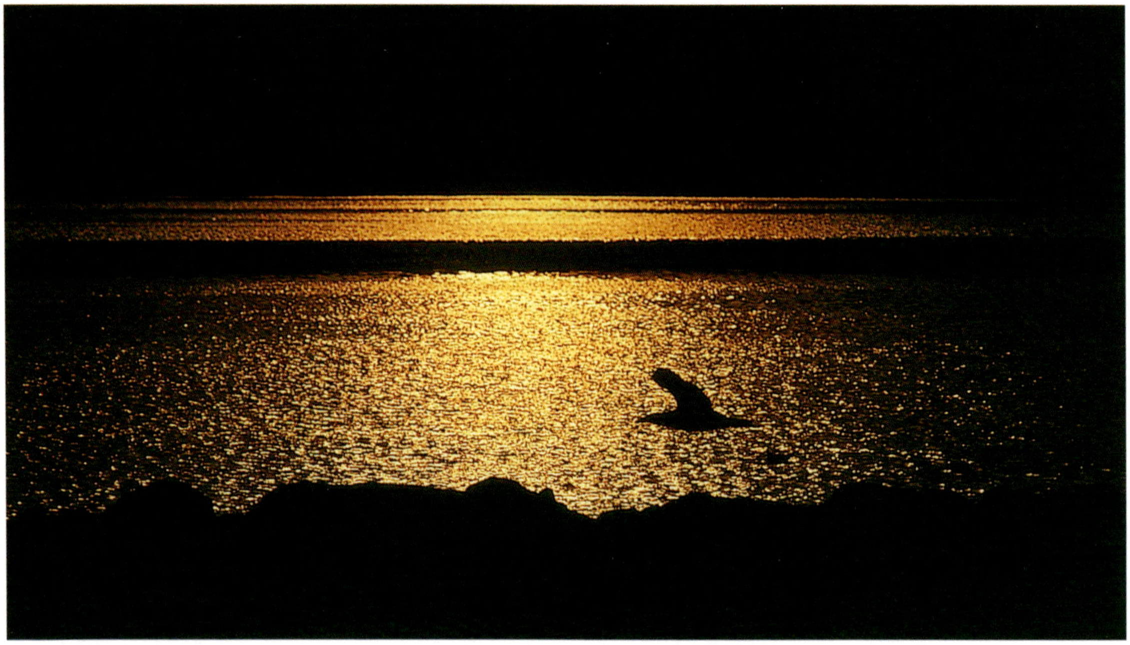

Gull on Lamèque Island / Goéland, île Lamèque

Around 500 years ago, European fishing boats began to appear off New Brunswick's coasts; over the next century they became a regular occurrence; trade relationships developed between Europeans and Natives, and the province was drawn into the dynastic and territorial squabbles of the European kingdoms. Many of the fishers and traders had come from France, and with the "official" French exploratory and mapping expedition of Samuel de Champlain in 1604, the European presence became permanent. For about 150 years, European settlement in the province spread very slowly as Acadian farmers diked and drained coastal marshes—examples of the technology they used can be seen today at Caraquet's historical Village Acadien—and cropped some of the rich alluvial soils of the islands and intervales of the lower St. John River.

The European wars of the period—particularly the recurring hostilities between France and England—often touched New Brunswick: warships clashed off the coasts; raiding parties came from New England; lives and trade were disrupted; treaties were negotiated and broken. Still, a century and a half after Champlain, there had been few major changes. In the 1750s, that ended.

By then, New Brunswick, as part of Acadia, had been ceded by France to Britain. Another war was brewing, and, for reasons and motives which remain a matter of historical and political dispute two hundred and fifty years later, the English authorities visited a form of "ethnic cleansing" on

d'immigrants et qui demeure caractéristique de notre mode de vie actuel.

Il y a environ cinq cents ans, les pêcheurs européens commencèrent à s'aventurer près des côtes du Nouveau-Brunswick. Au cours du siècle suivant, cette habitude eut pour effet d'établir des relations commerciales entre Européens et Autochtones, entraînant par le fait même la province dans les disputes dynastiques et territoriales qui avaient cours entre les différents royaumes d'Europe. Plusieurs pêcheurs et commerçants étaient venus de France et l'expédition française officieuse menée par Samuel de Champlain en 1604, et qui avait pour but d'explorer et de cartographier la région, marqua le début de l'établissement des Européens. L'étalement de leurs colonies fut très lent pendant les 150 années qui suivirent à cause des fermiers acadiens qui endiguaient et drainaient les marais côtiers – une technologie à découvrir au Village historique acadien de Caraquet – et cultivaient les riches terrains alluviaux des îles et des intervalles du Bas Saint-Jean.

Les guerres européennes de l'époque, en particulier les hostilités entre la France et l'Angleterre, se répercutaient souvent jusqu'au Nouveau-Brunswick. Des navires de guerre s'affrontaient au large des côtes; des groupes en provenance de la Nouvelle-Angleterre y faisaient des incursions; la vie et le commerce étaient perturbés; des traités étaient négociés puis brisés. Néanmoins, un siècle et demi après le passage de Champlain, peu de changements

the Acadians, driving them from their homes, burning their communities and forcibly removing many from Acadia altogether. Acadian numbers in New Brunswick were sharply reduced, and most of those who remained fled to less accessible areas. This *grand dérangement* as it is called remains one of the formative events in New Brunswick history.

Other immigrants soon arrived from Yorkshire and from Germany to settle in the southeast. "Planters"—colonists from the over-crowded farming communities of New England—established themselves in the fertile land of the lower St. John River Valley. New Englanders founded a merchant trading post at the mouth of the St. John. A Scot began a commercial salmon fishery at the mouth of the Miramichi—then, as now, one of the world's great Atlantic salmon rivers. Commercial lumbering started, mostly for the huge eastern white pine trees, eight feet or more in diameter at the butt and as much as 200 feet tall, which were prized as masts for the tall ships of the day.

The first settlements expanded slowly. The Planters didn't settle further up the St. John valley because the Maliseets who lived there were strong enough to protect their land. The Miramichi salmon fishery was short-lived: Mi'kmaw communities just upstream forced it to close because it damaged their fishery.

Then the world turned upside down. The American Revolution affected New Brunswick—the settlers on the St. John were torn between loyalty to Britain and support for their New England friends and relatives; no one was sure which side the Maliseet and Mi'kmaq would support; American privateers and raiding parties were a threat.

But the major change came at the end of the war. Thousands of Americans who had supported the losing side became refugees. Forced from their homes in the new United States, many of them fled to New Brunswick. Fleets of ships packed with these Loyalists and whatever portable belongings they had salvaged arrived, many at the harbour at the mouth of the St. John River. The city of Saint John was surveyed, urban lots were given out, buildings went up, and Saint John became the first city incorporated in "British North America," an honour of which it remains fiercely proud.

New Brunswick itself—in the political sense—was created by the Loyalists. Before their arrival, the province had been part of Nova Scotia; at their insistence, in 1784, it became a separate colony.

The arrival of the Loyalists brought a land rush to New Brunswick. Whatever their occupation or status before the war, in their new home most became farmers out of necessity. Tracts of land were surveyed, along the coasts and

importants avaient eu lieu. Au milieu du 18e siècle, les choses allaient changer.

À cette époque, le Nouveau-Brunswick faisait partie de l'Acadie et c'est à ce titre que la France céda le territoire à la Grande-Bretagne. Une autre guerre se préparait et, pour des raisons et des motifs qui, 250 ans plus tard demeurent un sujet de disputes de nature historique et politique, les autorités anglaises pratiquèrent une forme de « nettoyage ethnique » chez les Acadiens. Elles les chassèrent de leurs maisons, mirent le feu à leurs propriétés et forcèrent un grand nombre d'entre eux à quitter l'Acadie. Les rares Acadiens qui échappèrent à cette épuration s'enfuirent vers des lieux difficiles d'accès. Le *Grand dérangement* demeure l'un des événements marquants de l'histoire du Nouveau-Brunswick.

D'autres immigrants en provenance du Yorkshire et de l'Allemagne s'installèrent peu après dans le sud-est. Les Planters – des colons des communautés agricoles surpeuplées de la Nouvelle-Angleterre – s'installèrent sur les terres fertiles de la vallée du Bas Saint-Jean et établirent un poste de traite à l'embouchure du fleuve. Un Écossais ouvrit une pêcherie à l'embouchure de la Miramichi, une rivière qui était et qui demeure l'une des plus importantes rivières à saumon atlantique. Ce fut aussi les débuts du commerce du bois. Les énormes pins blancs étaient particulièrement prisés pour la fabrication des mats des grands navires de l'époque. Le diamètre de ces arbres pouvait atteindre presque deux mètres et demi à la base et mesurer soixante mètres de haut.

La croissance des premières colonies fut lente car les Planters ne pouvaient progresser davantage dans la vallée Saint-Jean en raison des puissants Malécites qui protégeaient leur territoire. L'entreprise de pêche au saumon établie sur les bords de la Miramichi en fut une de courte durée parce qu'elle perturbait celle des communautés Micmacs qui vivaient en amont.

Puis les problèmes vinrent d'ailleurs. La révolution américaine eut des répercussions jusqu'au Nouveau-Brunswick: les colons établis sur les rives du fleuve Saint-Jean étaient partagés entre l'Angleterre d'une part et leurs familles et amis de Nouvelle-Angleterre d'autre part. On ignorait également de quel côté pencheraient les Malécites et les Micmacs. Enfin, les corsaires et les groupes d'invasion américains continuaient de représenter une menace.

Le principal changement survint à la fin de la guerre lorsque des milliers d'Américains qui s'étaient rangés du côté des perdants devinrent des réfugiés. Expulsés de leurs maisons, plusieurs d'entre eux quittèrent les États-Unis et prirent le chemin du Nouveau-Brunswick. Ces Loyalistes débarquèrent avec leurs maigres bagages par pleines

along the major rivers, and granted to all heads of households. Within a generation, settlement had spread far into the interior of the province. The best and most accessible land was cleared for farms. The forests were cut to feed a thriving export trade in lumber; ship-building became a major industry.

Throughout the nineteenth century, the population grew, settlement spread and other immigrants arrived—most came from the British Isles. Prosperity increased throughout Victorian New Brunswick, subject to the usual ups and downs of economic cycles: it can still be seen in the large and elaborate Victorian homes preserved with pride in communities like Woodstock.

An industrial economy developed along with forestry and agriculture in the nineteenth century. Steamboats were designed and built, plying the St. John River in the ice free months as far upstream as Grand Falls. Tanneries and foundries produced for local and export markets; schooners built in New Brunswick won renown in the world's shipping trade; railroads spanned the province and joined it to its neighbours.

By the early twentieth century, many of the patterns evident in today's New Brunswick had been laid down: almost all the original forest trees had been cut, but much of the province was still forested; agriculture had reached its maximum expansion; population was split into cities, towns, and rural communities, and despite the urban growth of the twentieth century, about half of New Brunswick's people live in rural areas today.

In many ways, New Brunswick was not well-treated by the twentieth century. The Victorian growth in economy and population slowed; changes in the economics of farming led many formerly prosperous farms to be abandoned; industries went out of business; families all over the province saw their sons and daughters leave to seek work and opportunities elsewhere. This reality—and the struggle to overcome it, to provide equality of opportunity, to stimulate economic growth—has influenced the character of landscape and people, emphasizing resilience and stubborness in both.

At the dawn of the twenty-first century, New Brunswick values its heritage, and the old mingles with the new. Huge mechanical potato harvesters unearth and sort much of the crop that makes the province one of Canada's prime potato growing and processing provinces, yet on some farms potatoes are still hand picked in wooden baskets and barrels. In cities and towns, Victorian buildings and heritage streetscapes co-exist with the sort of new architecture found everywhere.

A glance at the map shows heritage firmly embedded

flottes de bateaux dans le port situé à l'embouchure du fleuve. On procéda à l'arpentage de la ville; des lots furent concédés; des édifices furent construits et Saint John devint la première ville incorporée en « Amérique du Nord britannique », un honneur dont elle est encore extrêmement fière.

Avant l'arrivée des Loyalistes, le Nouveau-Brunswick faisait partie de la Nouvelle-Écosse. La province devint une entité politique en 1784 suite aux pressions exercées par les nouveaux arrivants.

Ce fut la ruée vers les terres. Malgré leurs occupations ou leurs statuts antérieurs, la plupart des Loyalistes devinrent fermiers par besoin. On procéda au zonage des terrains le long des côtes et des principales rivières et céda un terrain à tous les chefs de famille. En une génération, la colonie s'était infiltrée à l'intérieur de la province. Les meilleures terres et les plus accessibles furent défrichées pour faire place à des fermes. Les forêts furent coupées pour répondre au commerce florissant du bois d'œuvre et la construction de bateaux devint une industrie importante.

La population augmenta au cours du 19e siècle. Les colonies s'agrandirent et d'autres immigrants arrivèrent principalement des îles britanniques. Le Nouveau-Brunswick de l'ère victorienne connut une prospérité entrecoupée de hauts et de bas propres aux cycles économiques, comme en témoignent encore de nos jours les immenses demeures victoriennes comme celles de Woodstock par exemple.

Au cours de ce même siècle, l'industrie, la foresterie et l'agriculture prirent un grand essor. On construisait des bateaux à vapeur qui, en saison, naviguaient jusqu'à Grand Falls. Les produits de tannerie et de fonderie visaient tant le marché local qu'extérieur. Les goélettes construites au Nouveau-Brunswick étaient très recherchées. Le réseau du chemin de fer pan-provincial se connectait à celui de ses voisins.

Au début du 20e siècle, le territoire ressemblait déjà au paysage actuel: presque tous les arbres forestiers originaux avaient été coupés mais il restait encore beaucoup de forêts; l'agriculture était aussi active que maintenant; les gens habitaient les villes, les villages et les communautés rurales. Malgré la croissance urbaine du 20e siècle, aujourd'hui la moitié de la population du Nouveau-Brunswick vit à la campagne.

Le Nouveau-Brunswick connut un 20e siècle ingrat à bien des égards. La croissance économique et humaine de l'ère victorienne connut un ralentissement; des changements économiques touchant l'agriculture forcèrent de nombreux fermiers prospères à cesser leurs opérations; des industries firent faillite; beaucoup de familles virent leurs enfants quitter le pays pour chercher du travail. Cette réalité,

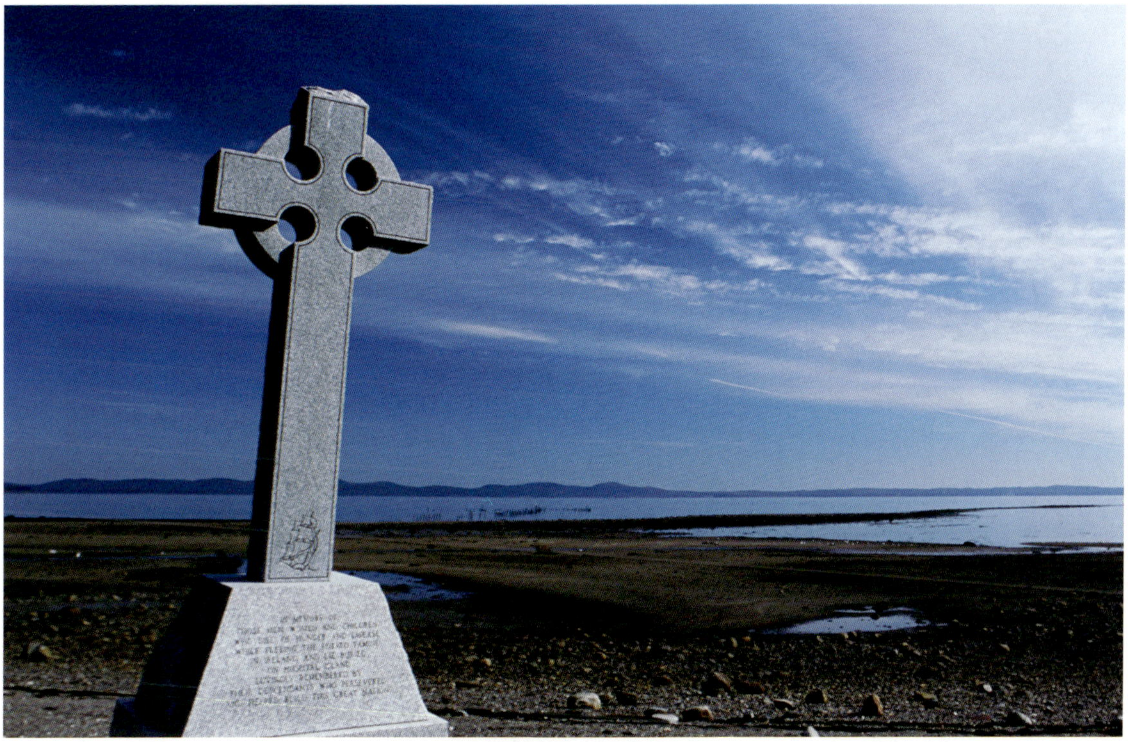

Celtic Cross on the beach in St. Andrews commemorating the Irish that were quarantined on Hospital Island
Croix celte érigée sur la plage de St Andrews à la mémoire des Irlandais mis en quarantaine sur Hospital Island

in the present: most rivers and streams retain Maliseet and Mi'kmaq names—Kennebacasis and Shogomoc, Upsalquitch and Restigouche; many community names display the origins of their founders—Scotch Colony, Irish Settlement, Cardigan, New Denmark; the French names in northern and eastern New Brunswick show Acadian communities.

Heritage and modernity; tradition and change: the contrasts of New Brunswick.

ainsi que les tentatives d'offrir à tous des chances égales et de stimuler la croissance économique, a influencé le caractère du paysage et du peuple en développant chez l'un et chez l'autre l'endurance et la ténacité.

À l'aube du 21e siècle, le Nouveau-Brunswick sait apprécier le mariage de l'ancien et du nouveau. Si d'énormes moissonneuses mécaniques déterrent et trient la plupart des récoltes de pommes de terre qui font la réputation du Nouveau-Brunswick, certains fermiers continuent toutefois à faire leurs récoltes manuellement à l'aide de paniers ou de barils. Dans les villes et villages, les édifices modernes s'érigent à côté d'édifices victoriens et de vestiges patrimoniaux.

Un coup d'œil à la carte démontre que le patrimoine est bien ancré dans le présent: la plupart des cours d'eau ont conservé leurs noms malécites et micmacs – Kennebacasis et Shogomoc, Upsalquitch et Restigouche; plusieurs communautés portent le nom de leurs fondateurs: Scotch Colony, Irish Settlement, Cardigan, New Denmark; les noms français que l'on retrouve au nord et dans l'est du Nouveau-Brunswick illustrent la présence des communautés acadiennes.

Patrimoine et modernité; tradition et changement: voilà les contrastes du Nouveau-Brunswick.

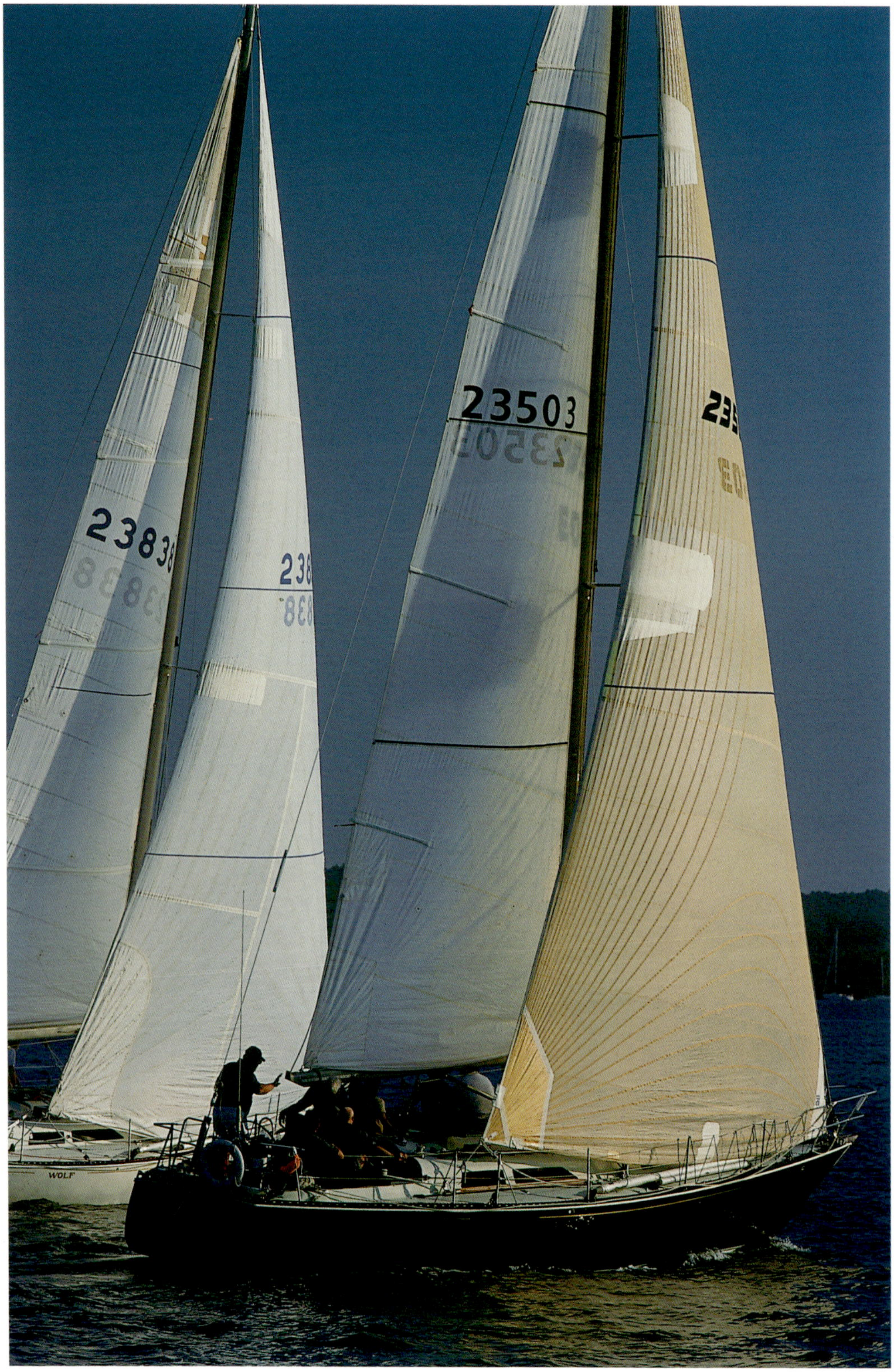
23503

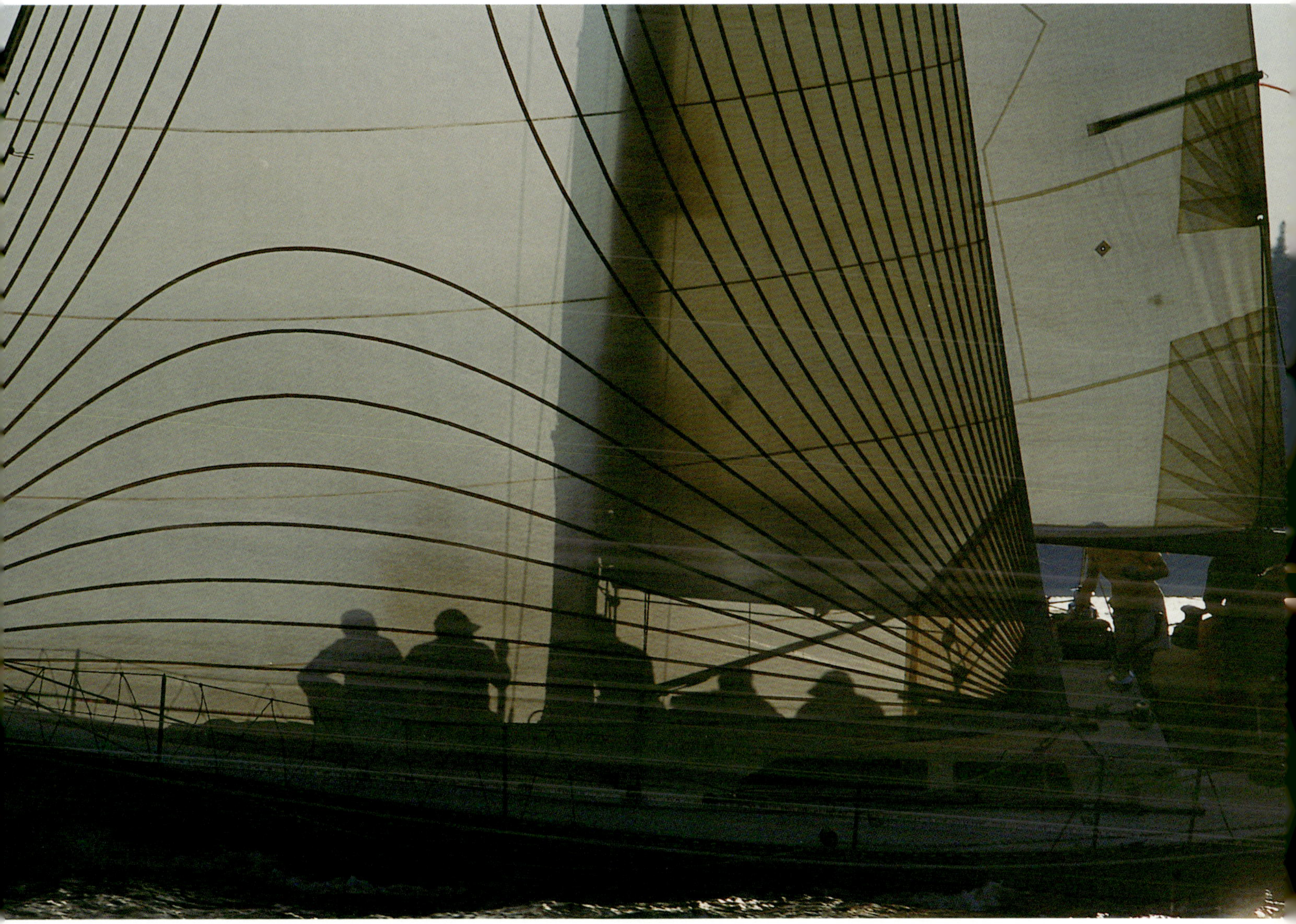

Sailboat racing out of the Royal Kennebecasis Yacht Club, Saint John, lower St. John River, Grand Bay (facing page and above)
Voilier quittant le Royal Kennebecasis Yacht Club de Saint John, Bas Saint-Jean, Grand Bay (à gauche et ci-dessus)

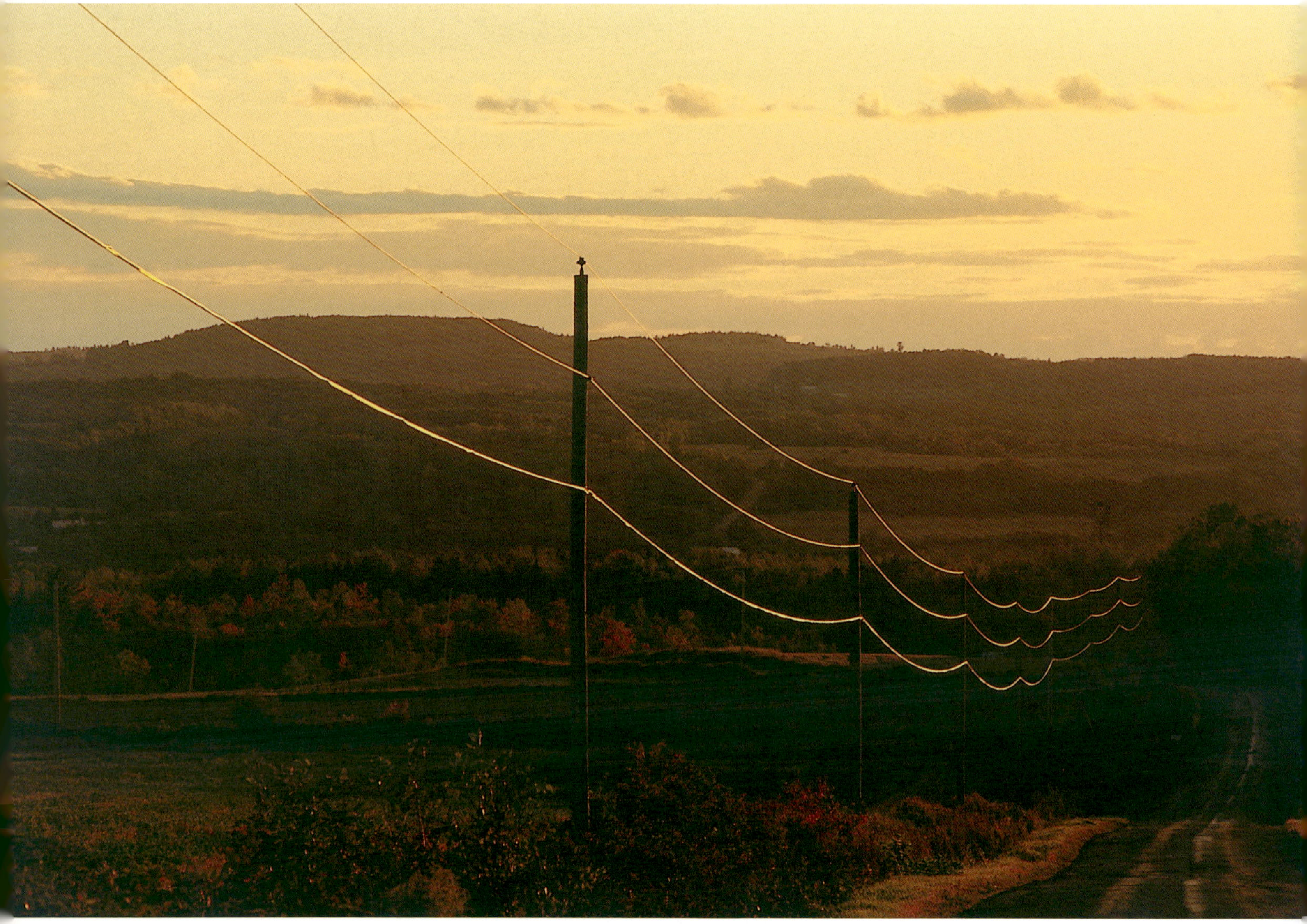

Telephone wires at sunset, Victoria County
Fils téléphoniques au coucher du soleil, comté de Victoria

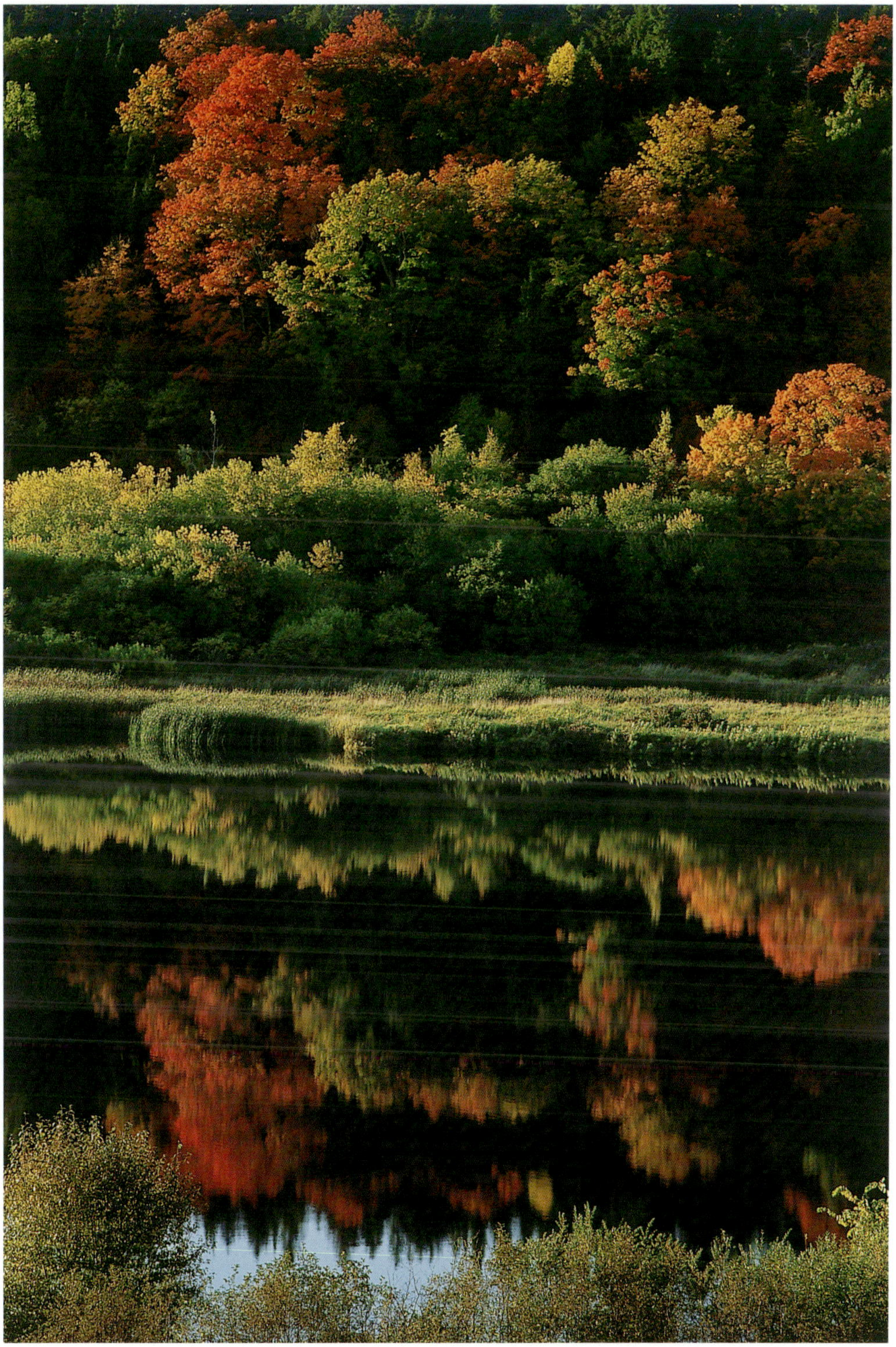

Fall near Woodstock

Scène automnale aux environs de Woodstock

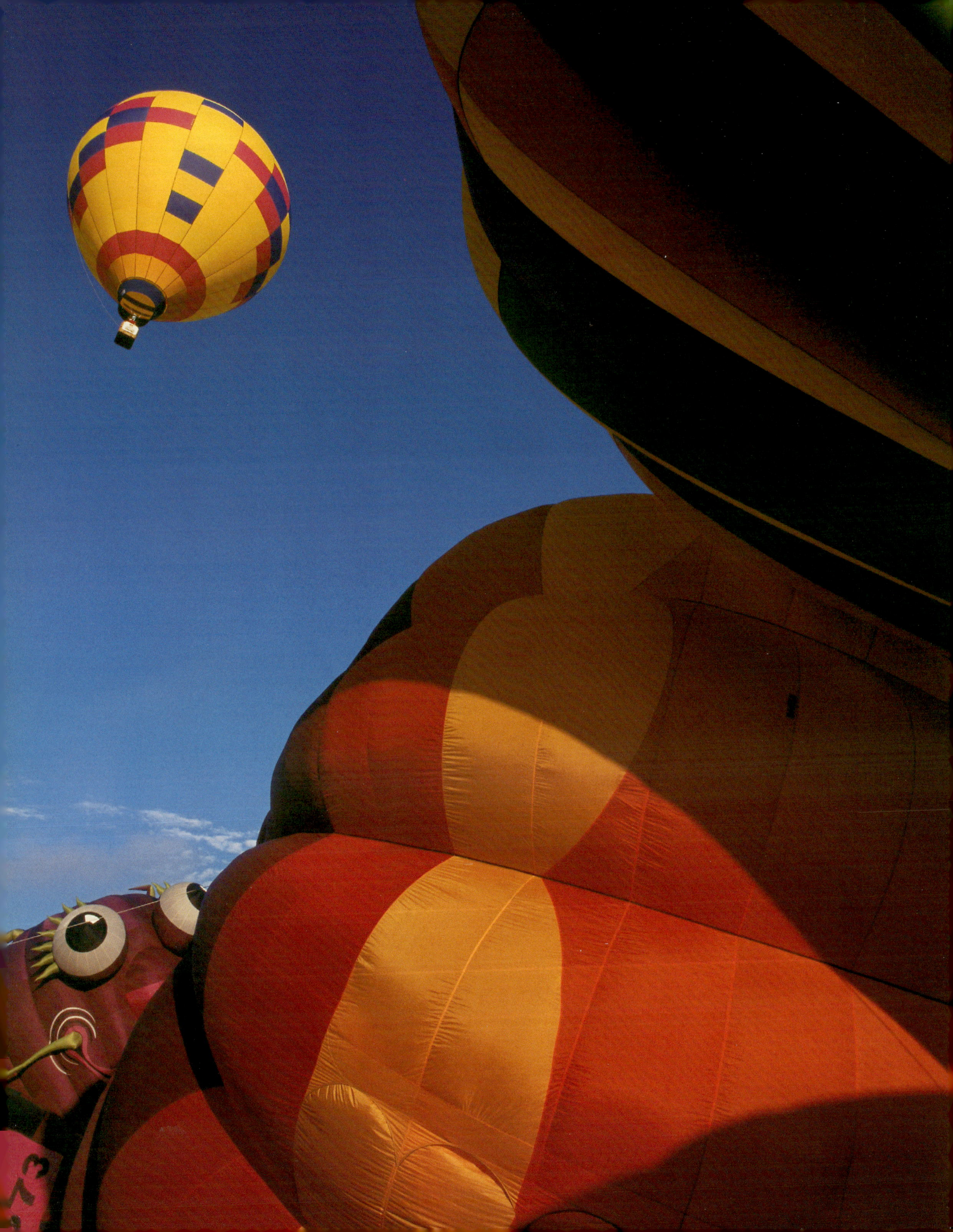

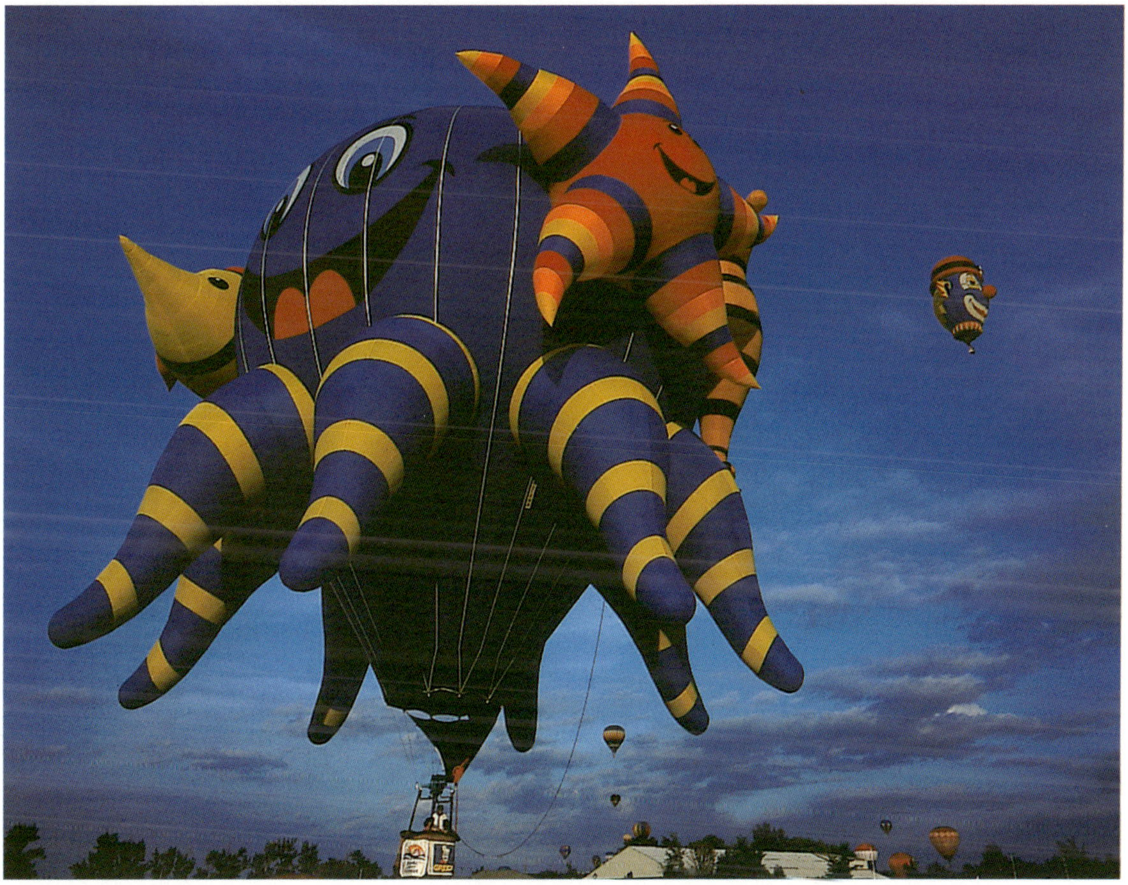

Atlantic Balloon Festival, Sussex

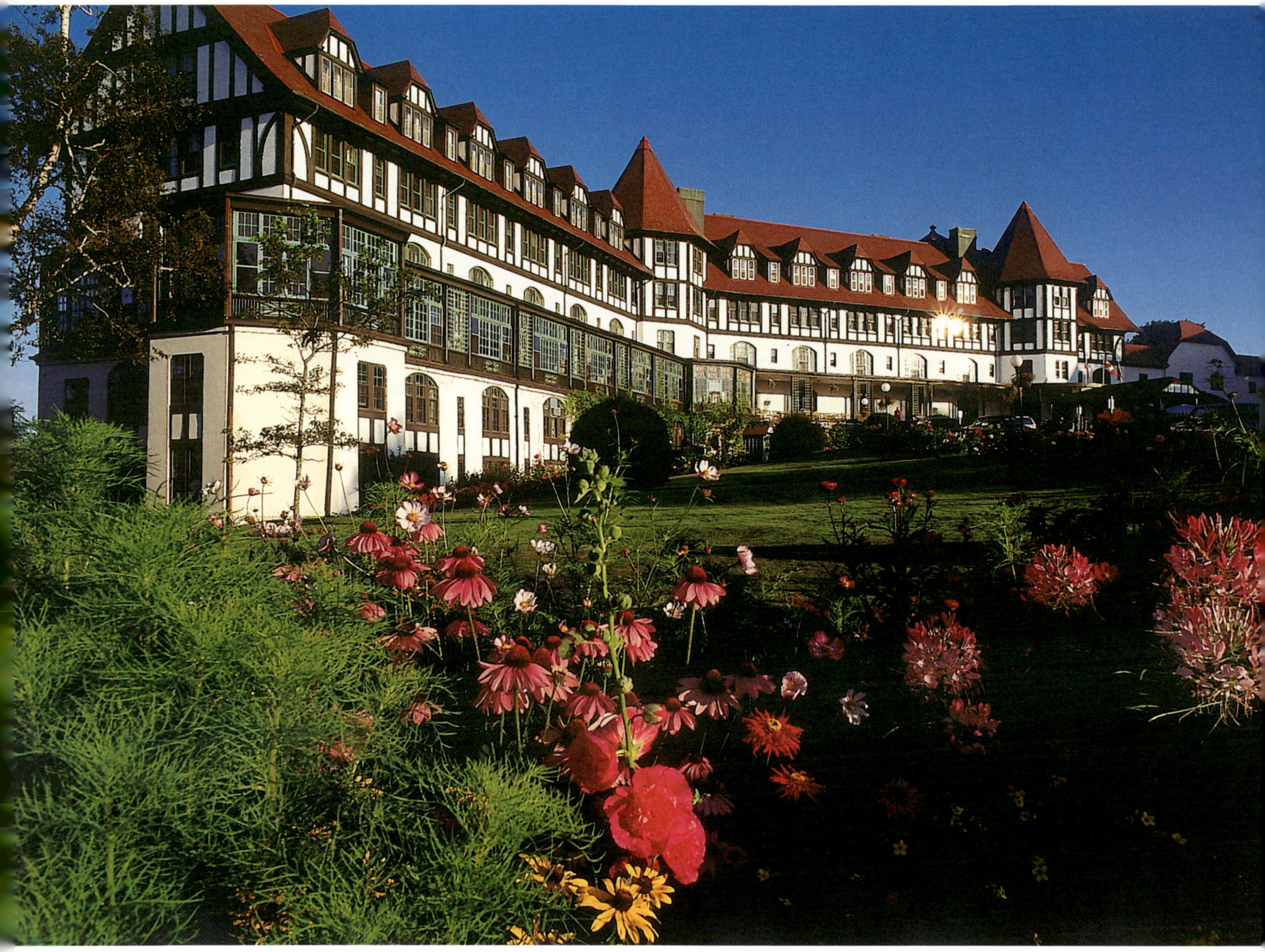

Algonquin, St. Andrews

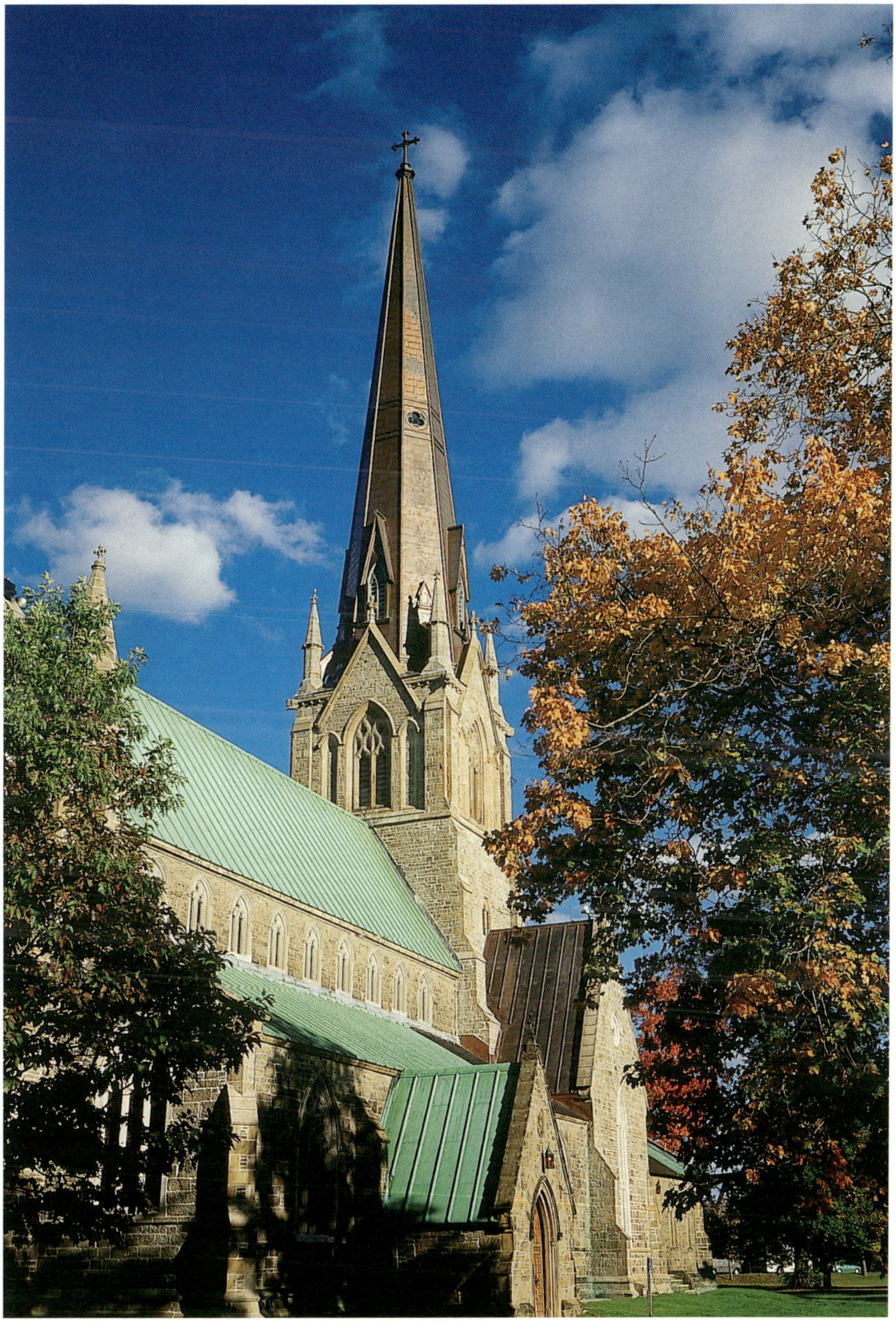

Christ Church Cathedral, Fredericton
La cathédrale Christ Church, Fredericton

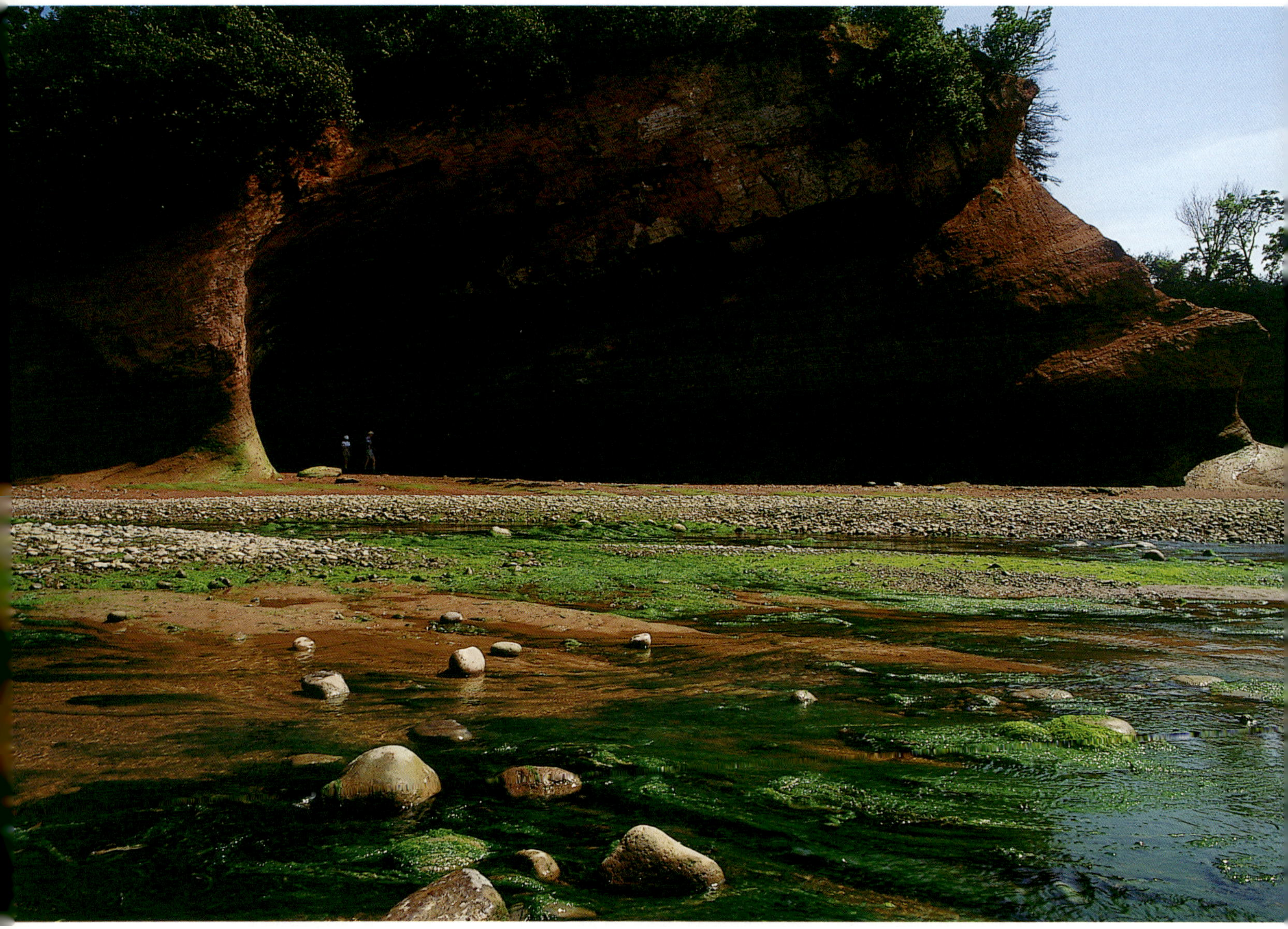

St. Martins, sea caves at low tide
Cavernes à marée basse, St Martins

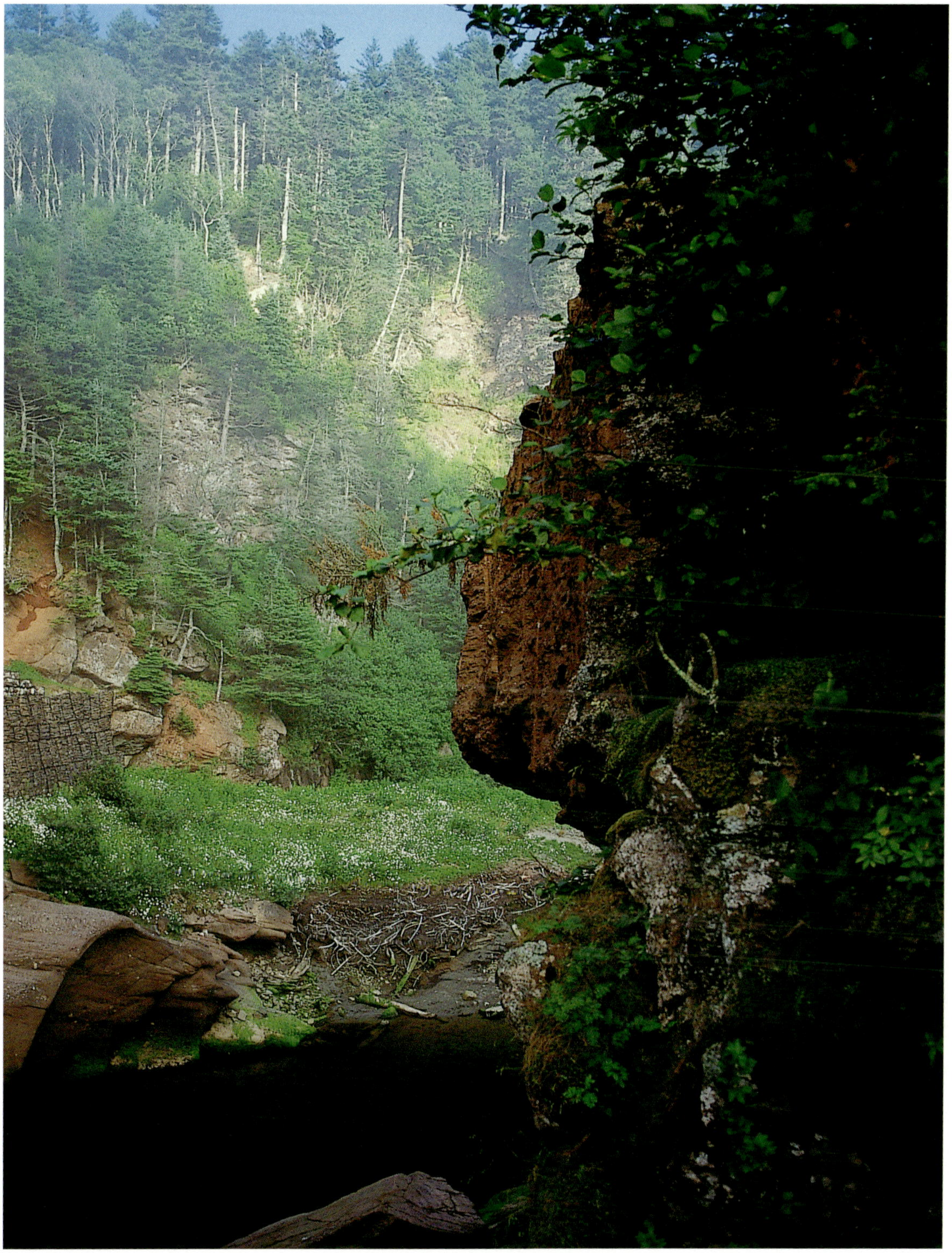

Wolfe Point, Fundy National Park
Wolfe Point, parc national Fundy

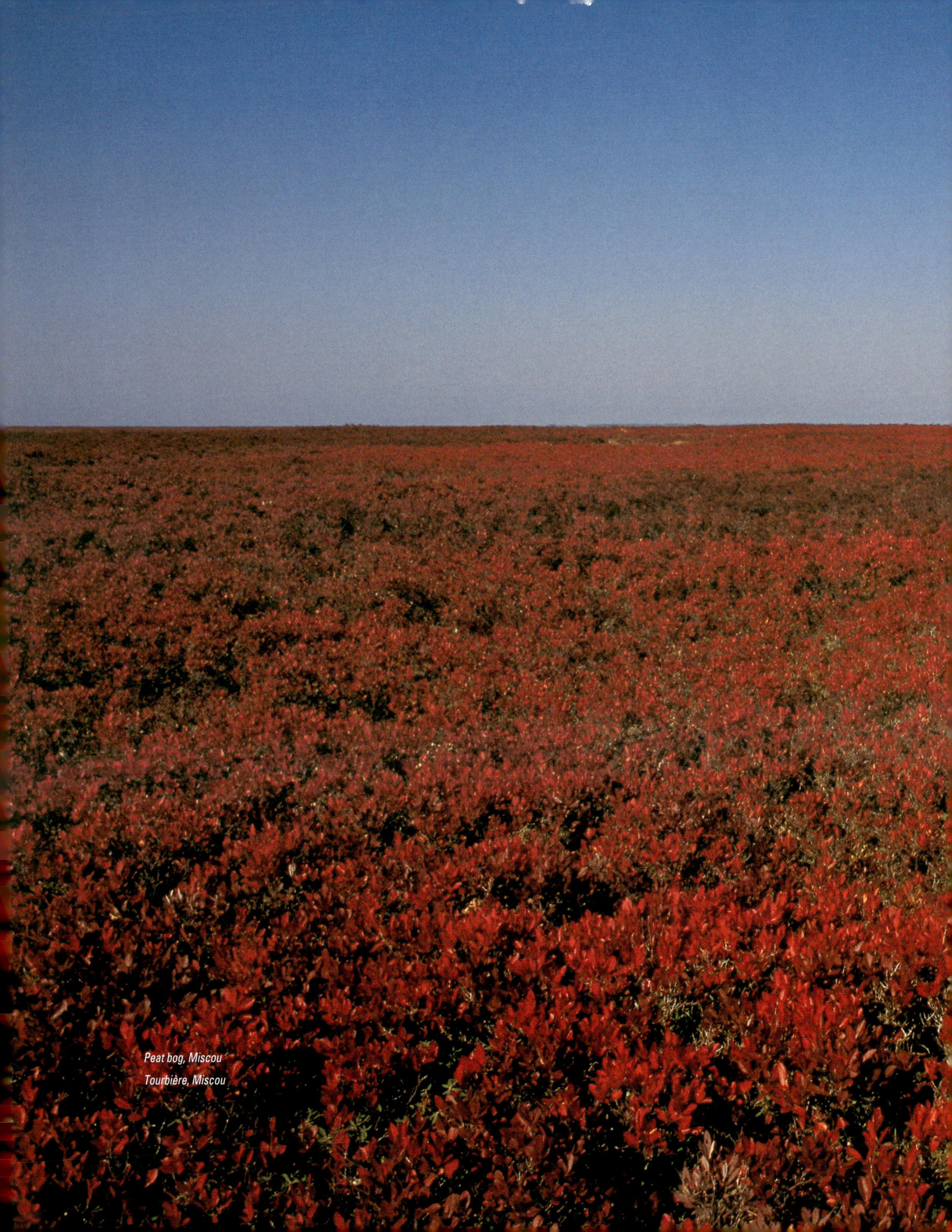

Peat bog, Miscou

Tourbière, Miscou

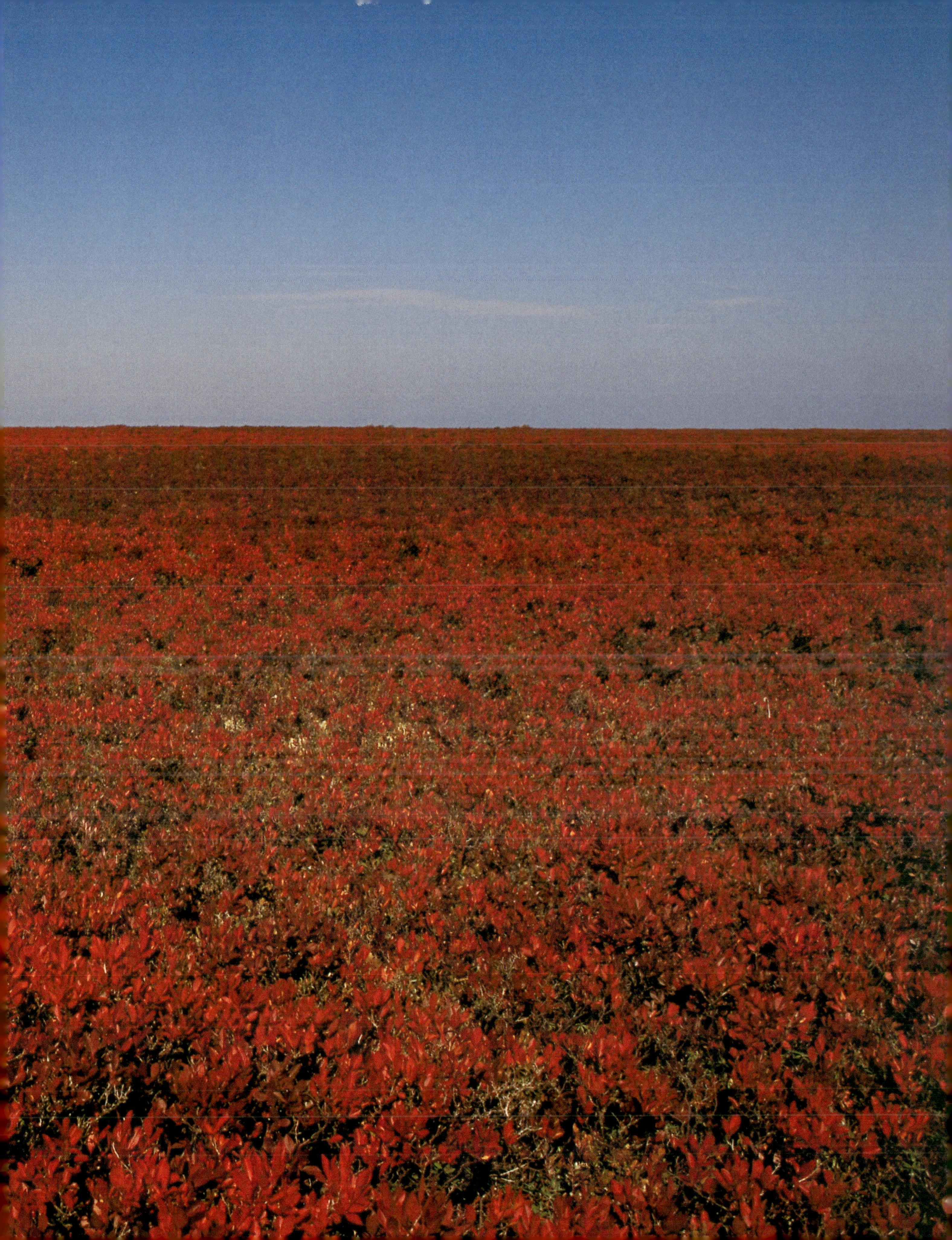

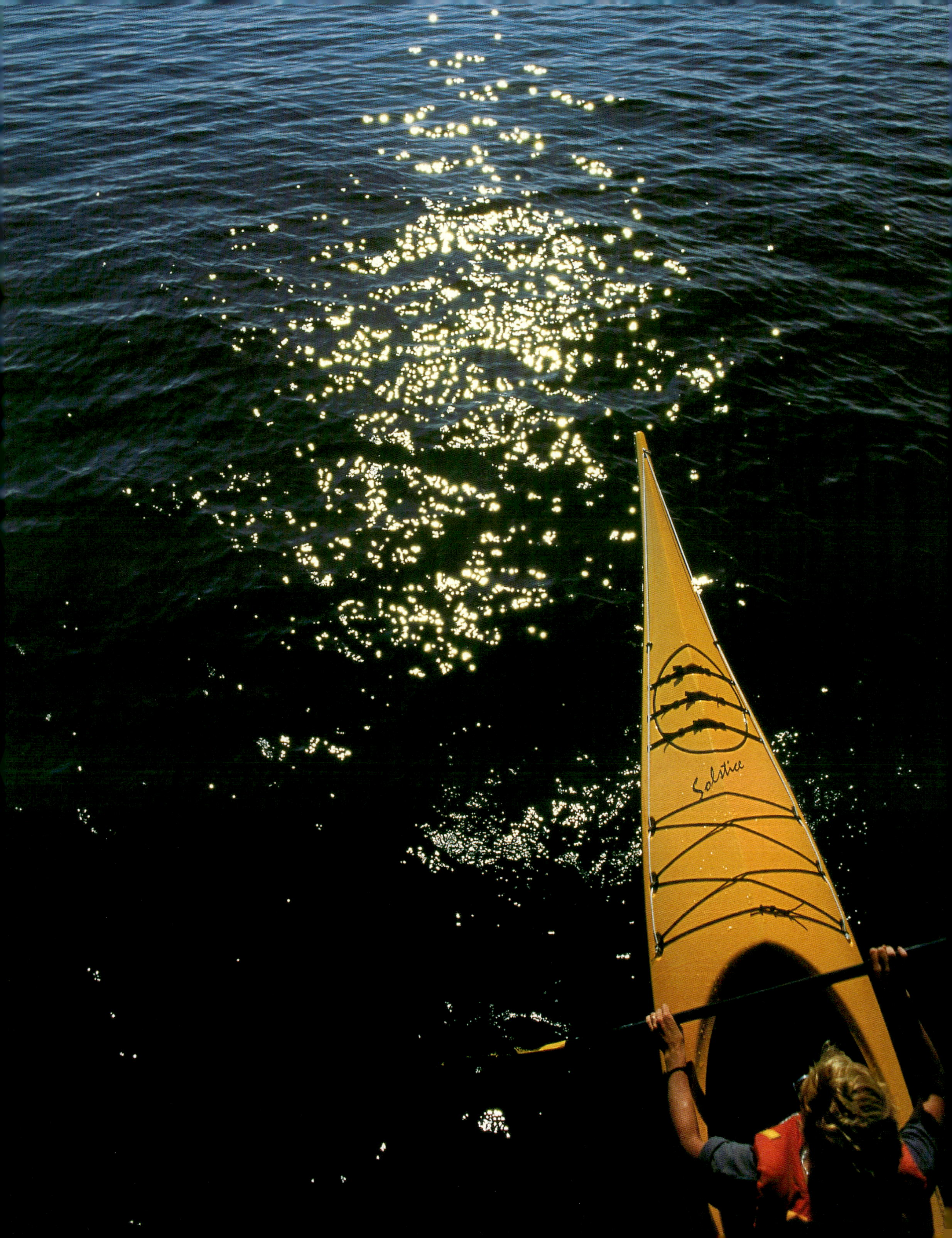
Solstice

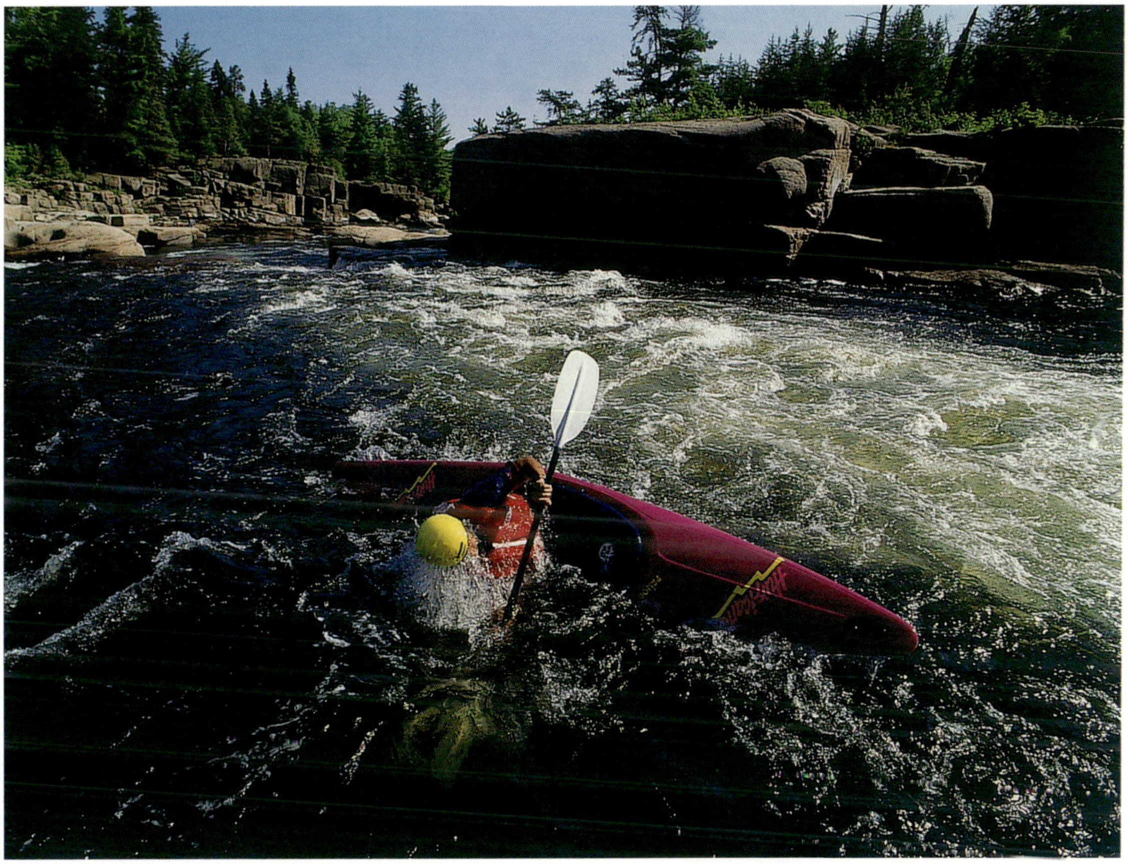

Guy Roach doing an Esquimo Roll at Pabineau Falls near Bathurst
Guy Roach pratique l'esquimautage près des chutes Papineau, environs de Bathurst

Facing page: Kayak on the Bay of Fundy, near St. Andrews
À gauche : Kayak dans la baie de Fundy près de St Andrews

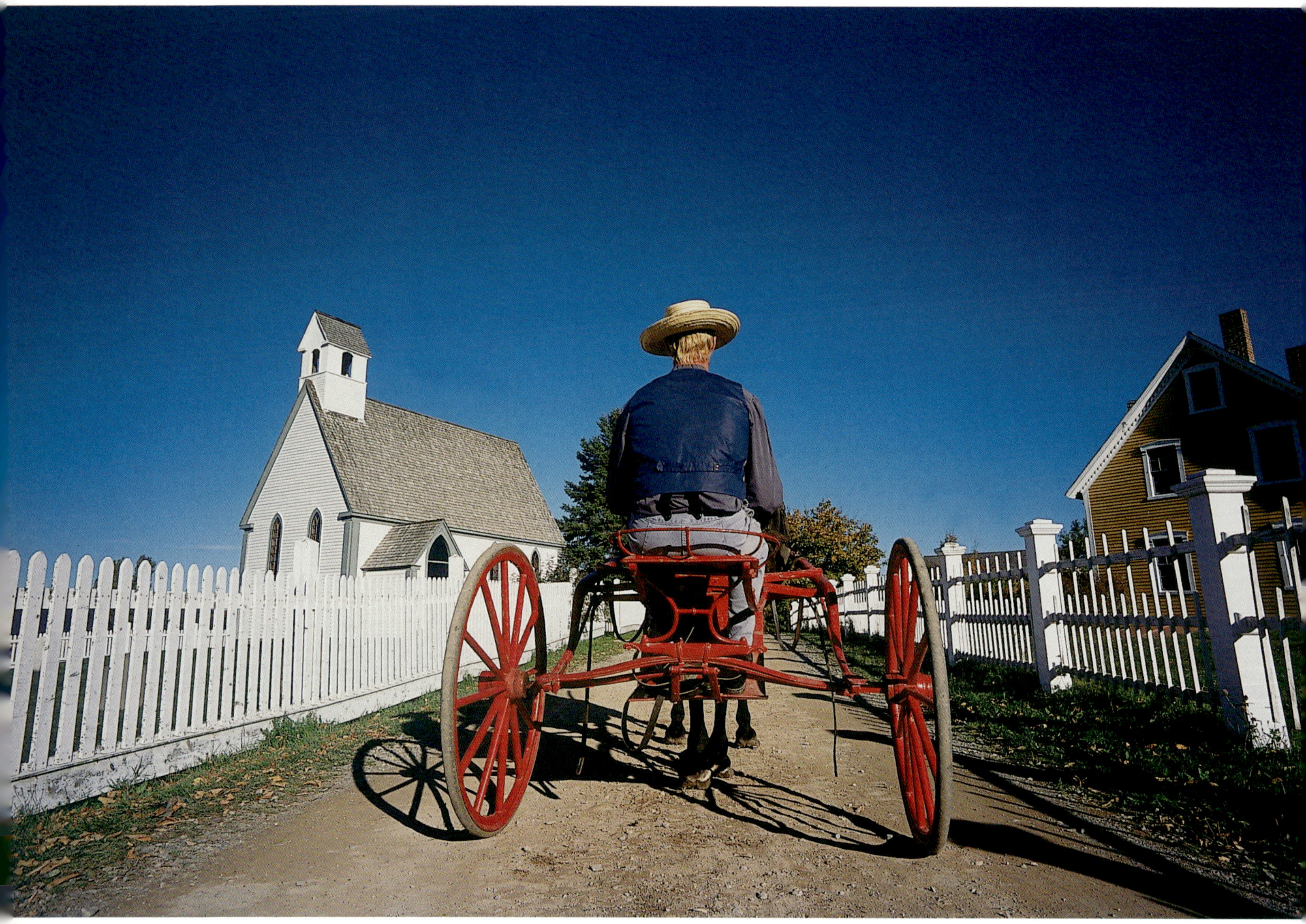

Kings Landing

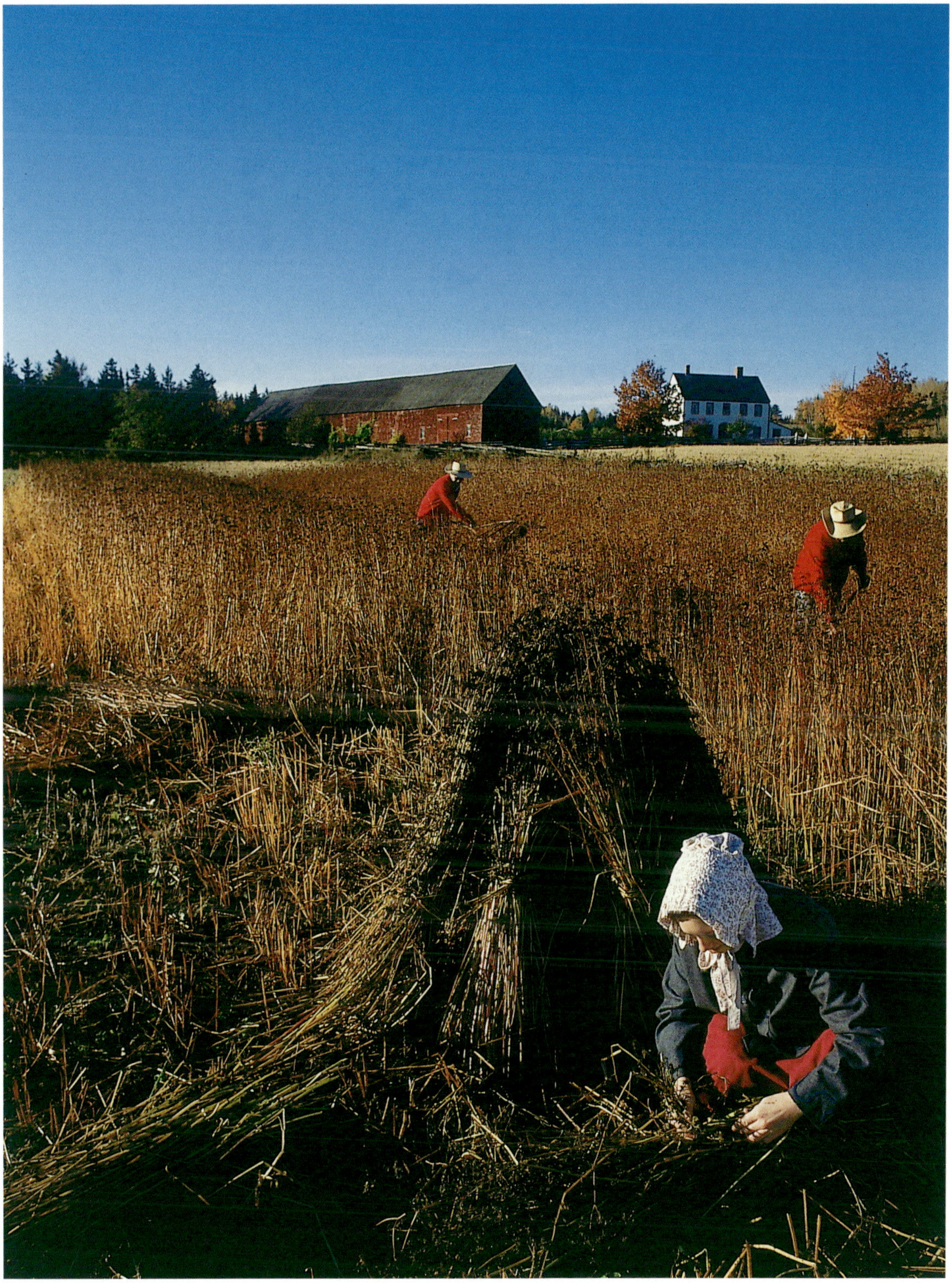

Kings Landing

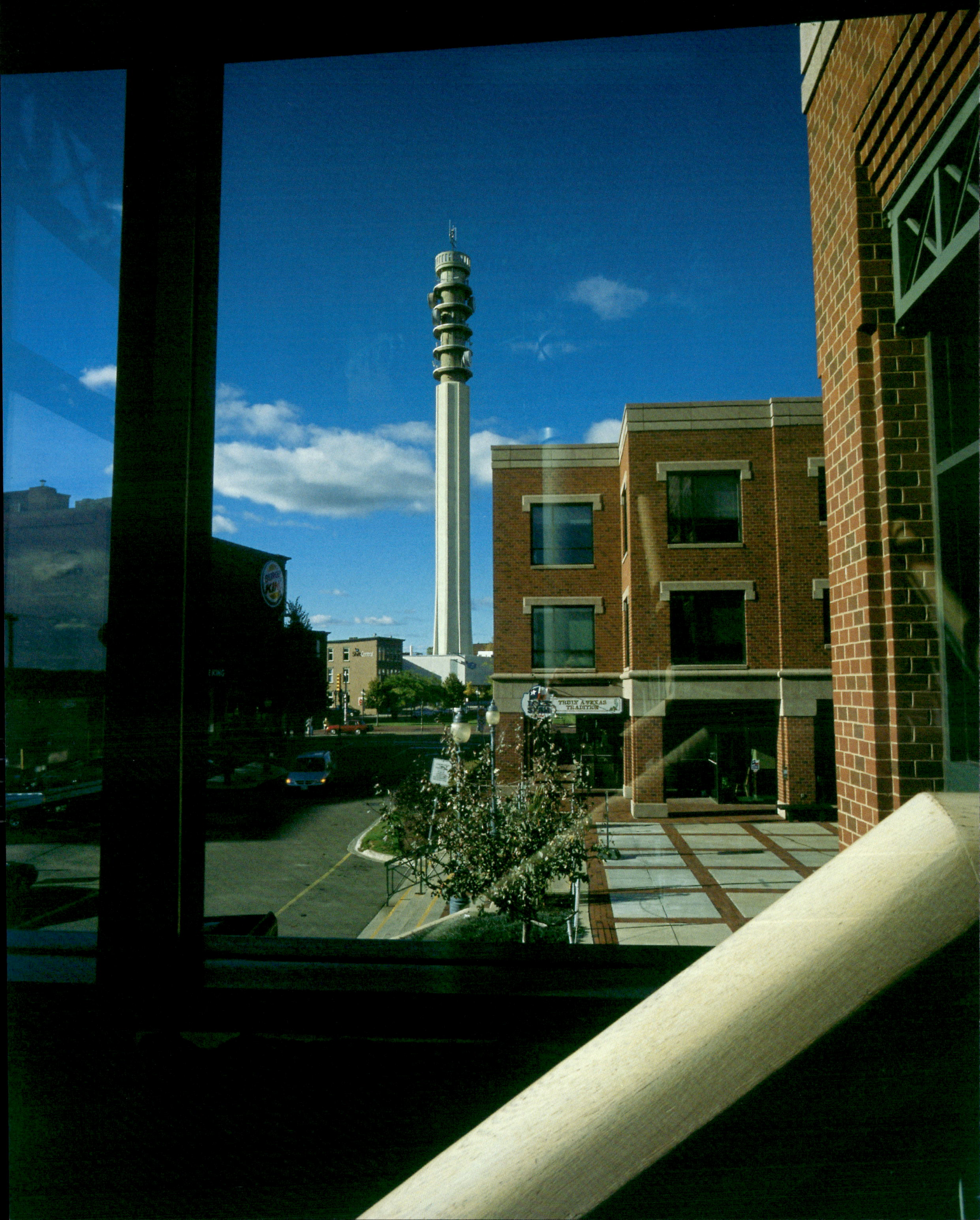

TRULY A TEXAS
TRADITION

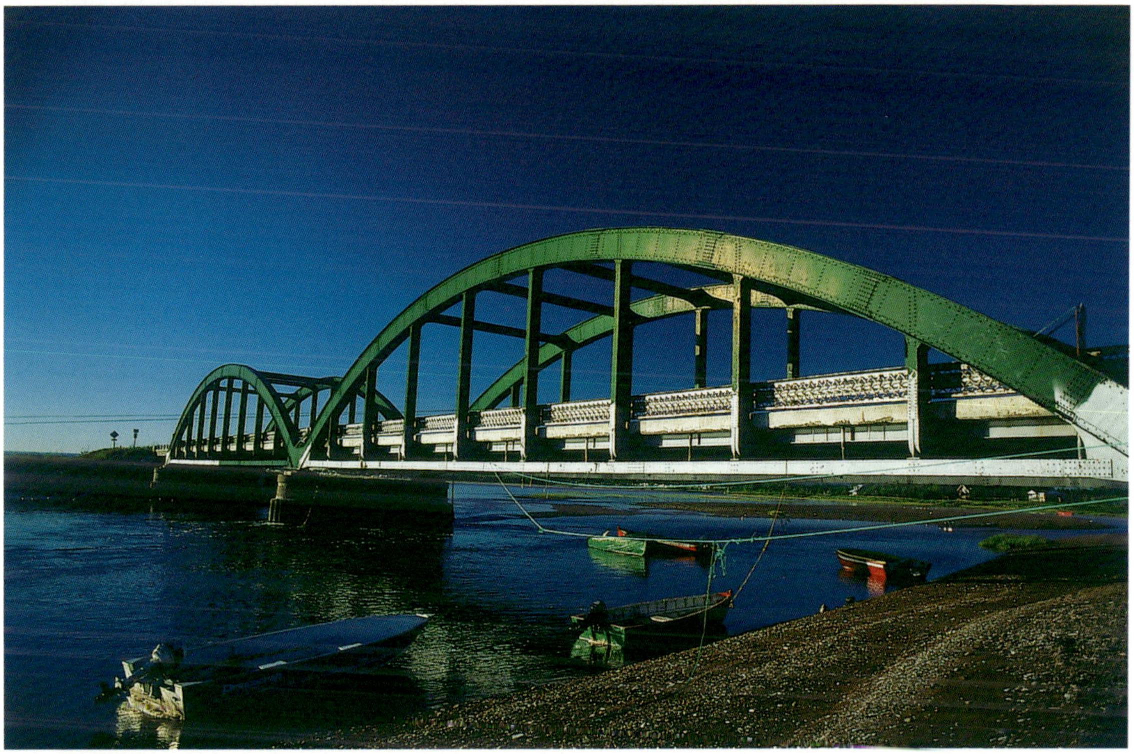

Bridge at Eel River Crossing noar Dalhousie
Pont Eel River Crossing près de Dalhousie

Facing page: NB Tel Tower from Public Library, Moncton
À gauche : la tour NBTel vue de la bibliothèque publique de Moncton

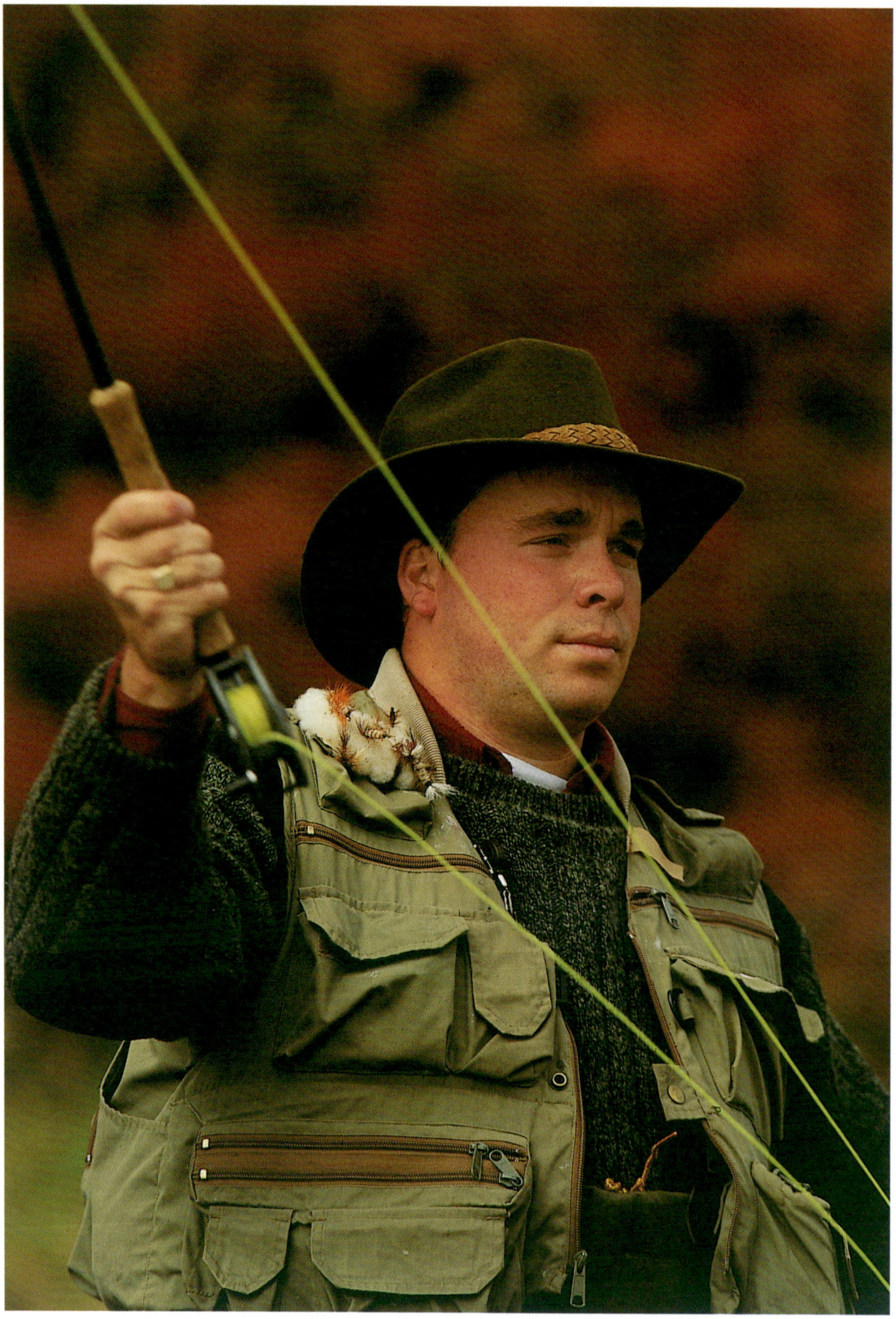

Fly fishing on the Miramichi

Pêche à la mouche sur la Miramichi

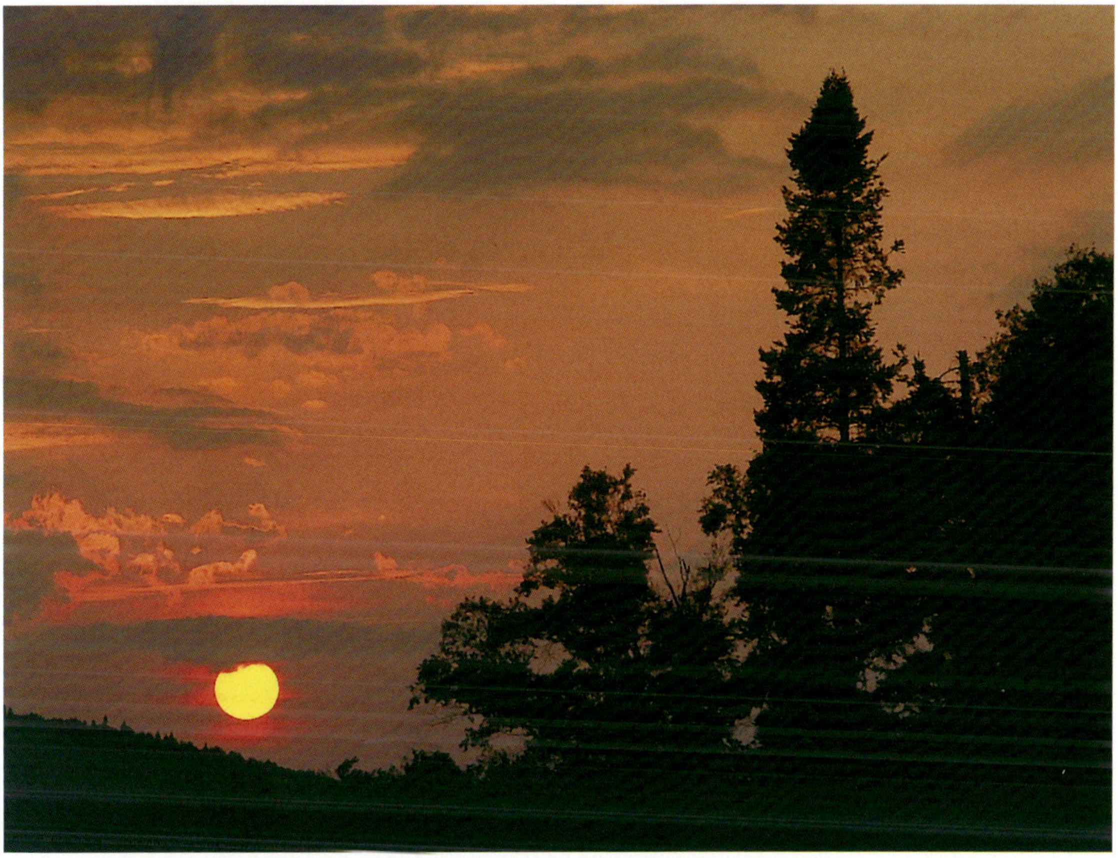

Mount Carleton Provincial Park
Parc provincial du Mont Carleton

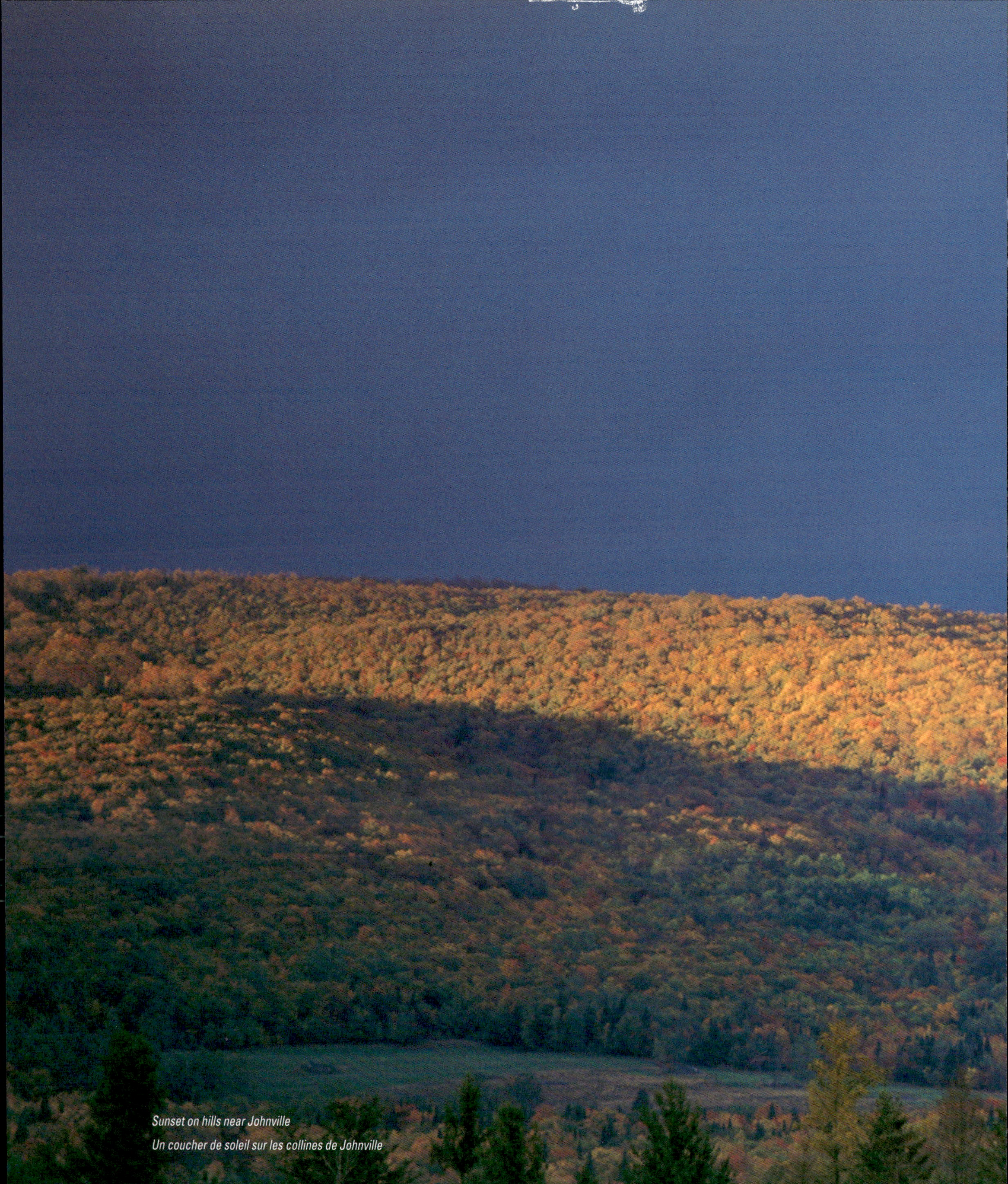

Sunset on hills near Johnville

Un coucher de soleil sur les collines de Johnville

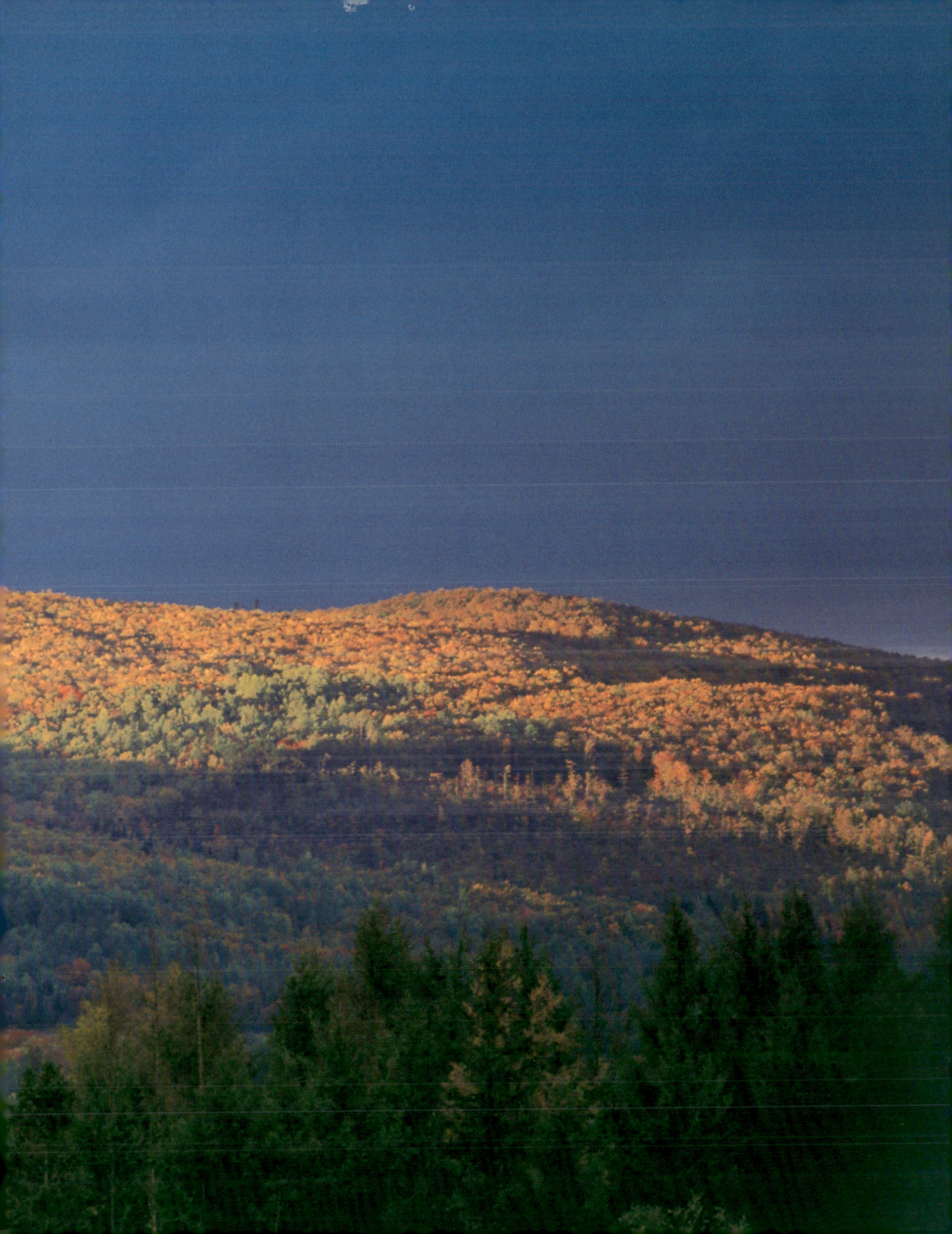

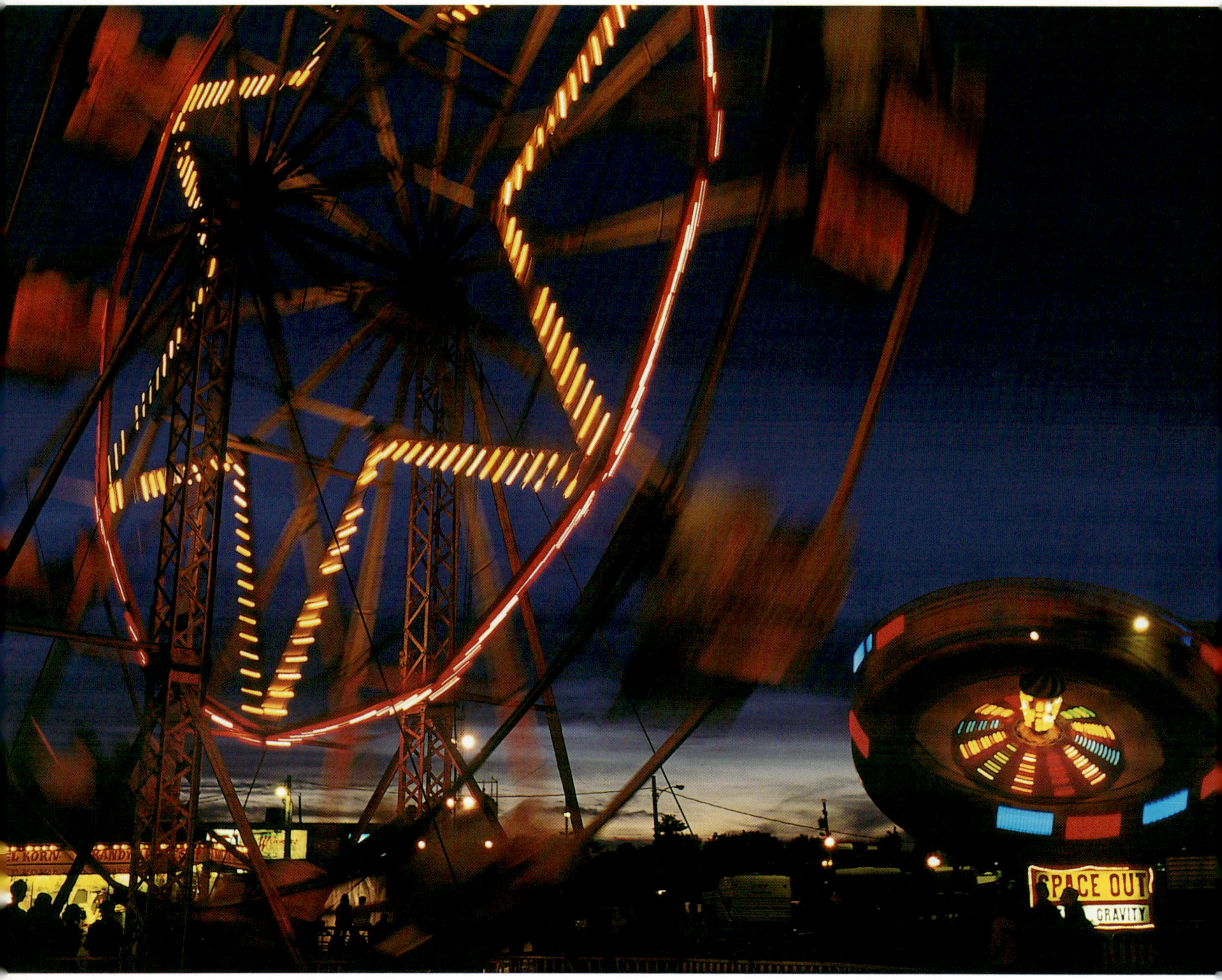

Frex, Fredericton

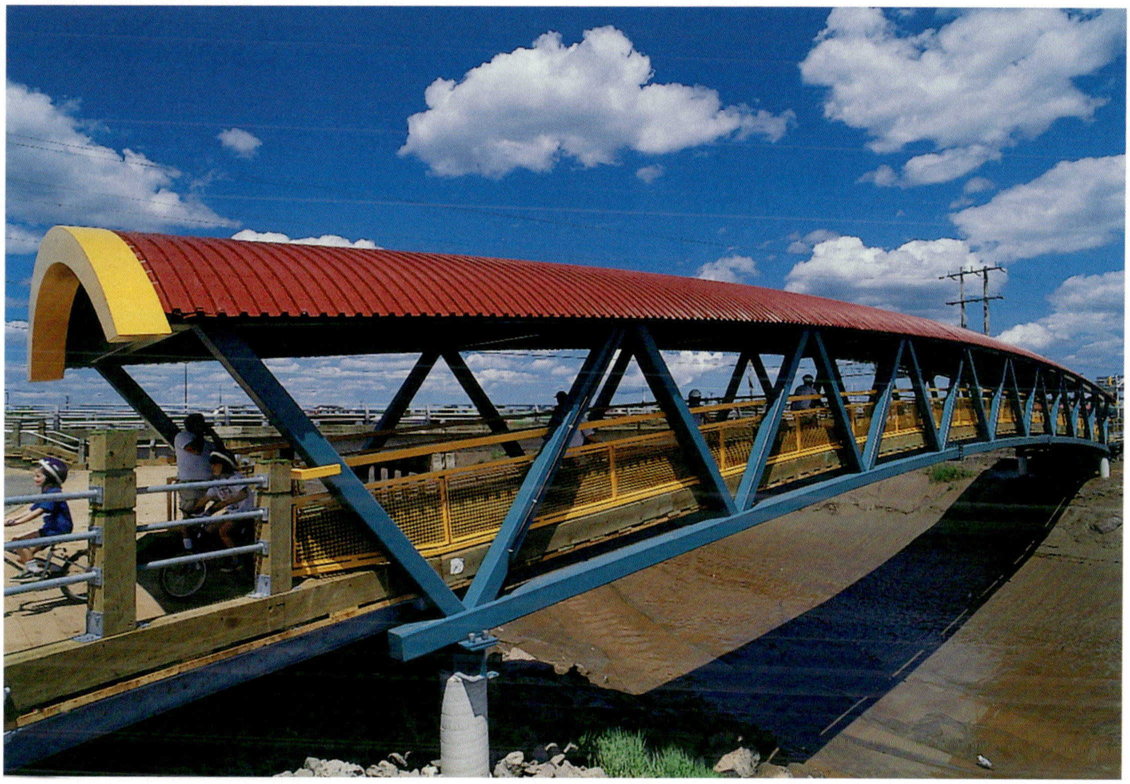

New footbridge over tributary of the Petitcodiac, Moncton
Passerelle enjambant un affluent de la rivière Petitcodiac, Moncton

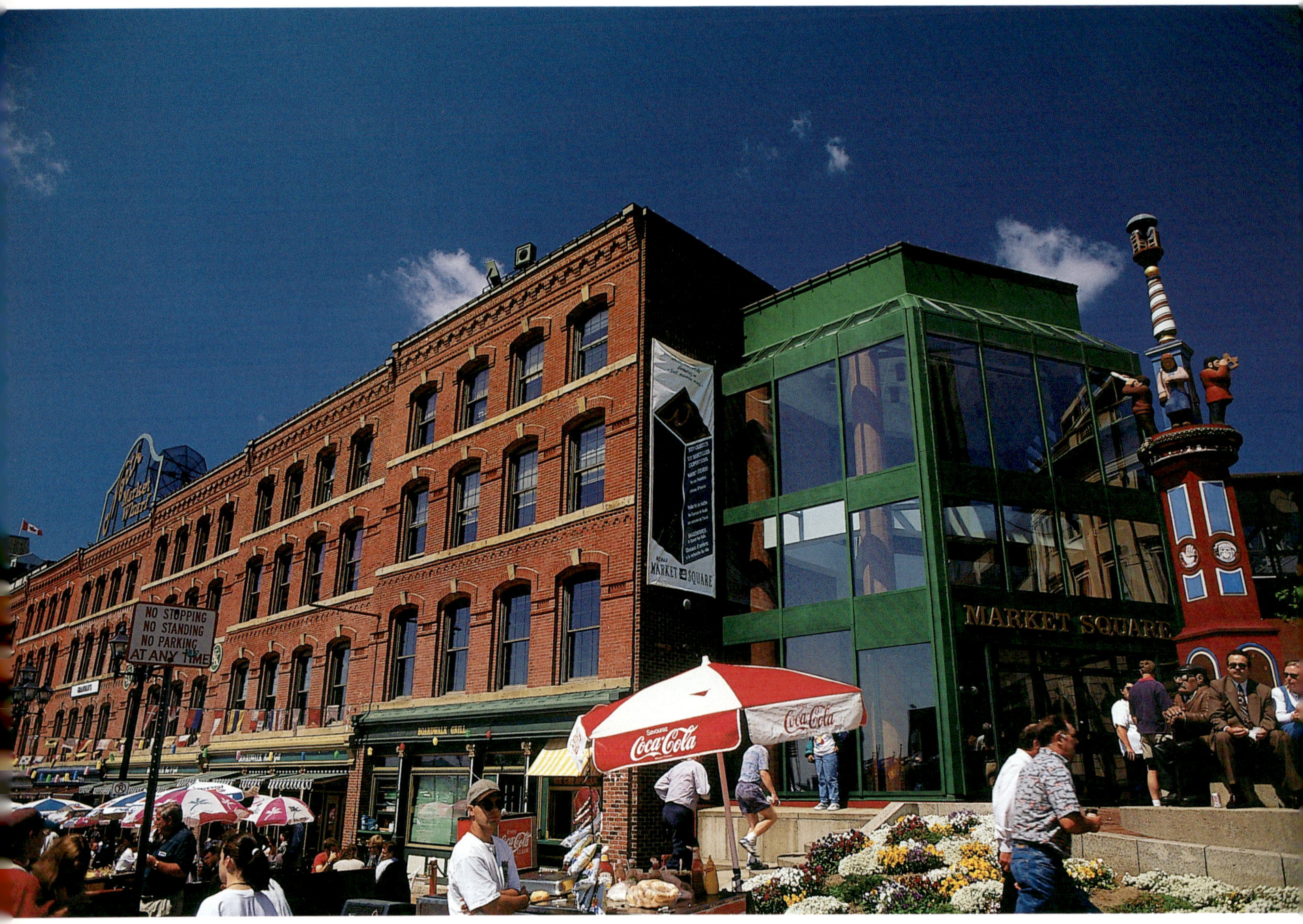

Market Square, Saint John

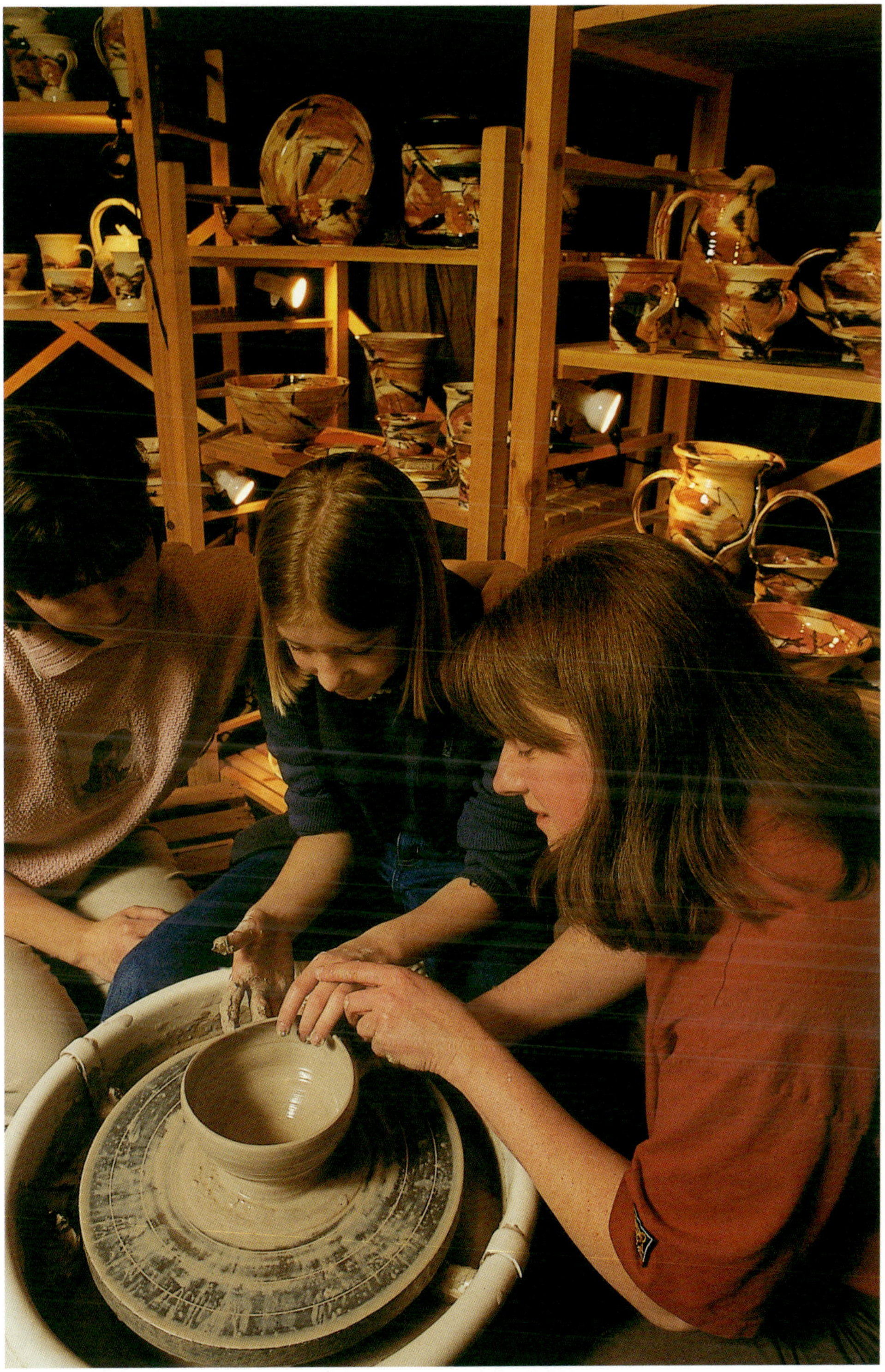

Wendy Johnston, potter, with students, Hillsborough
Wendy Johnston enseigne la poterie à Hillsborough

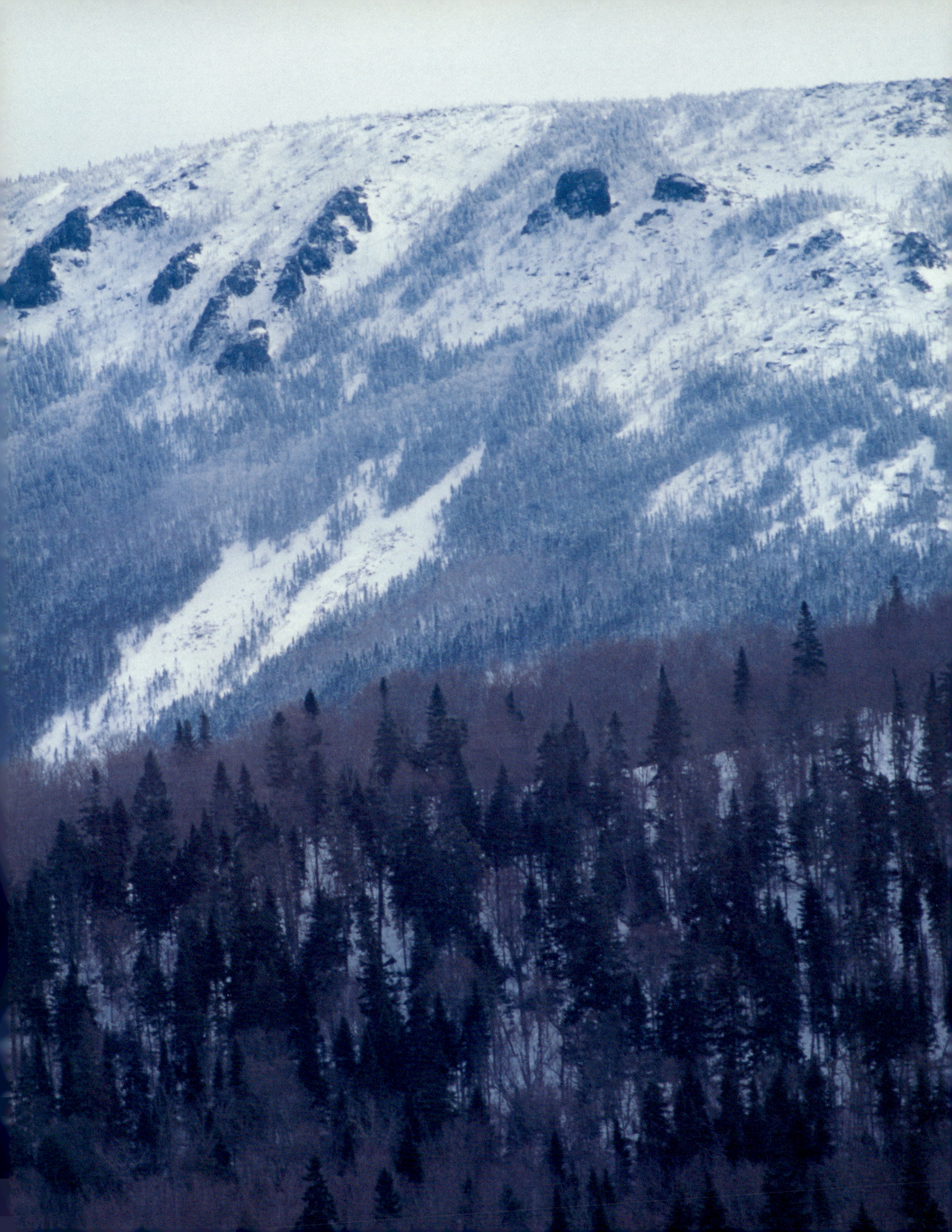

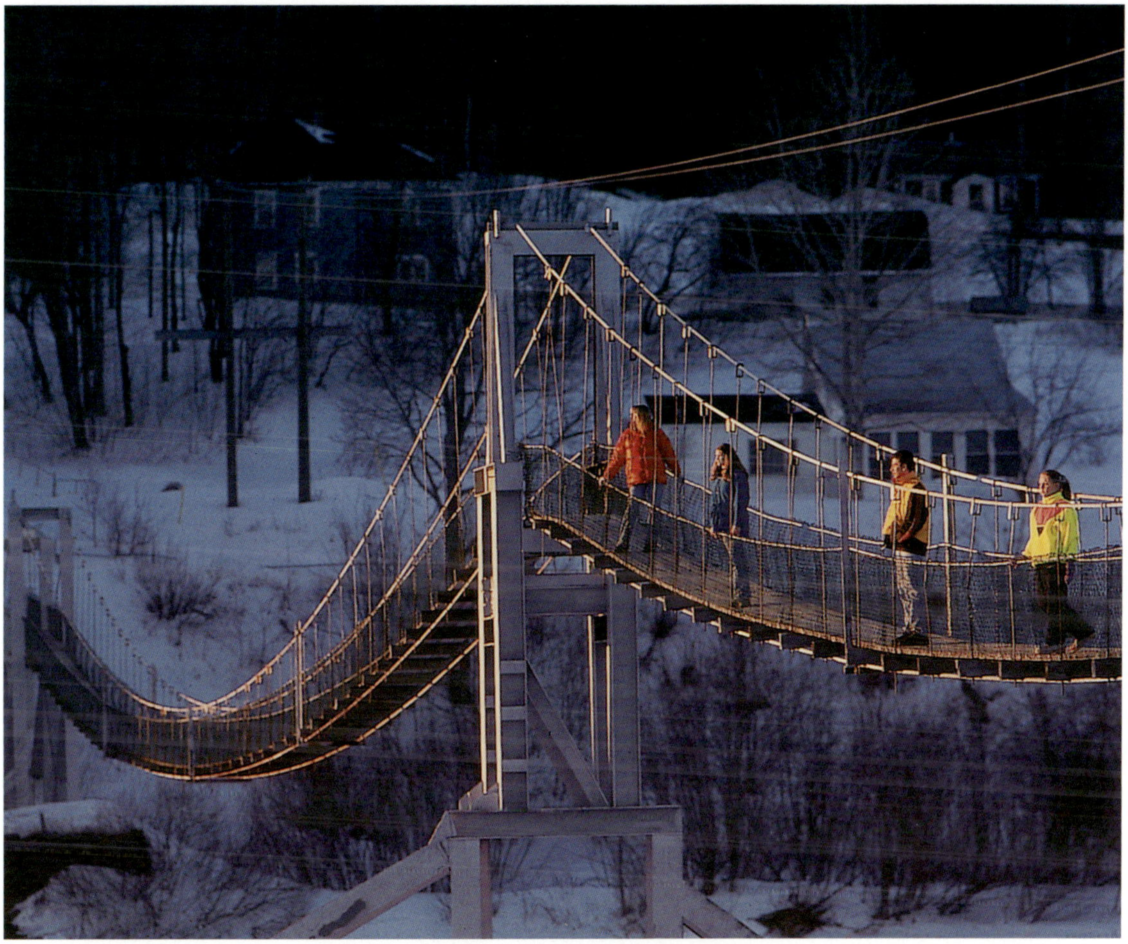

Priceville Suspension Bridge, McNamee
Pont suspendu de Priceville, McNamee

Facing page: Mount Carleton Provincial Park in winter
À gauche : Le parc provincial du Mont Carleton en hiver

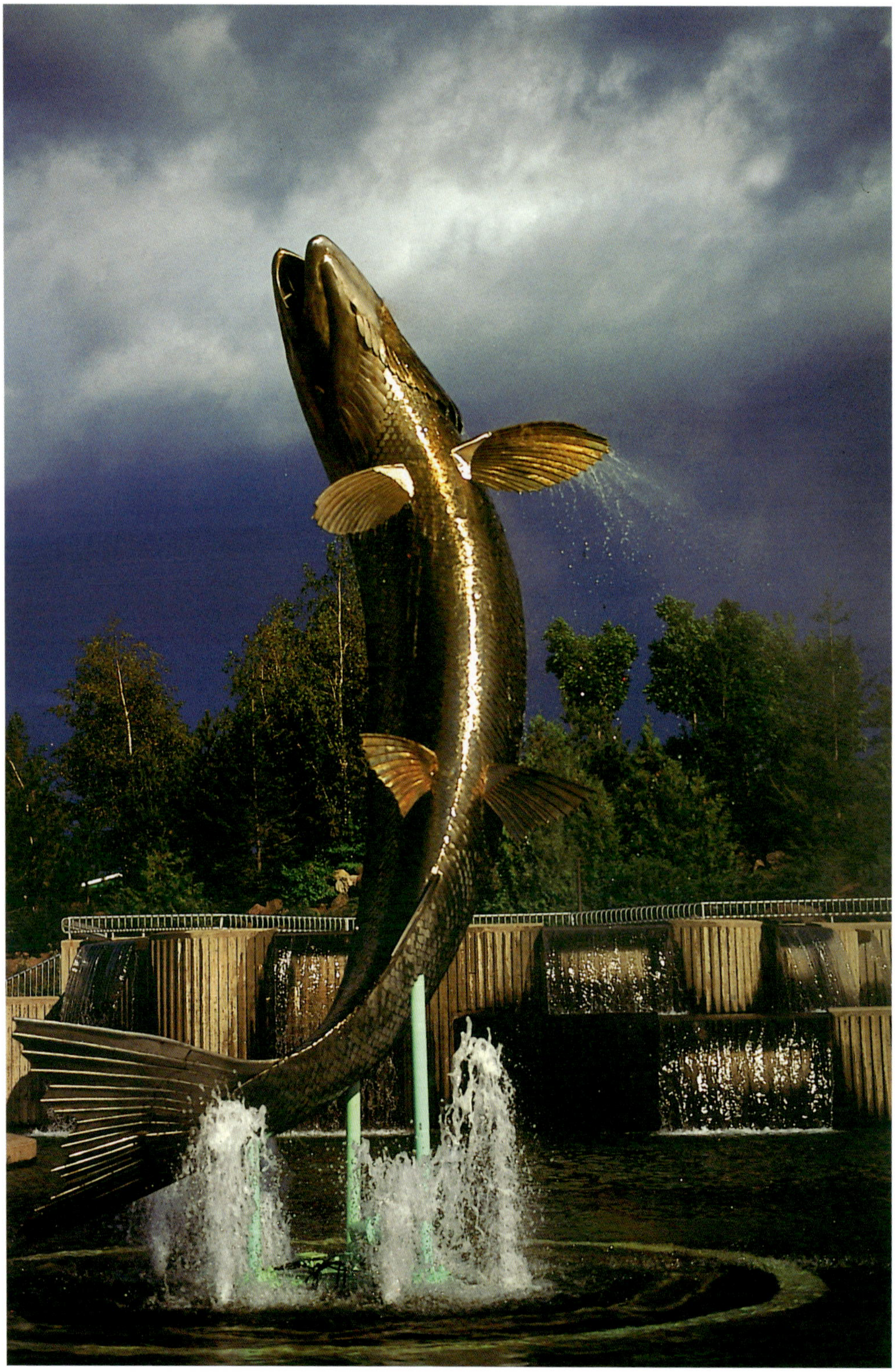

Restigouche Sam, Campbellton

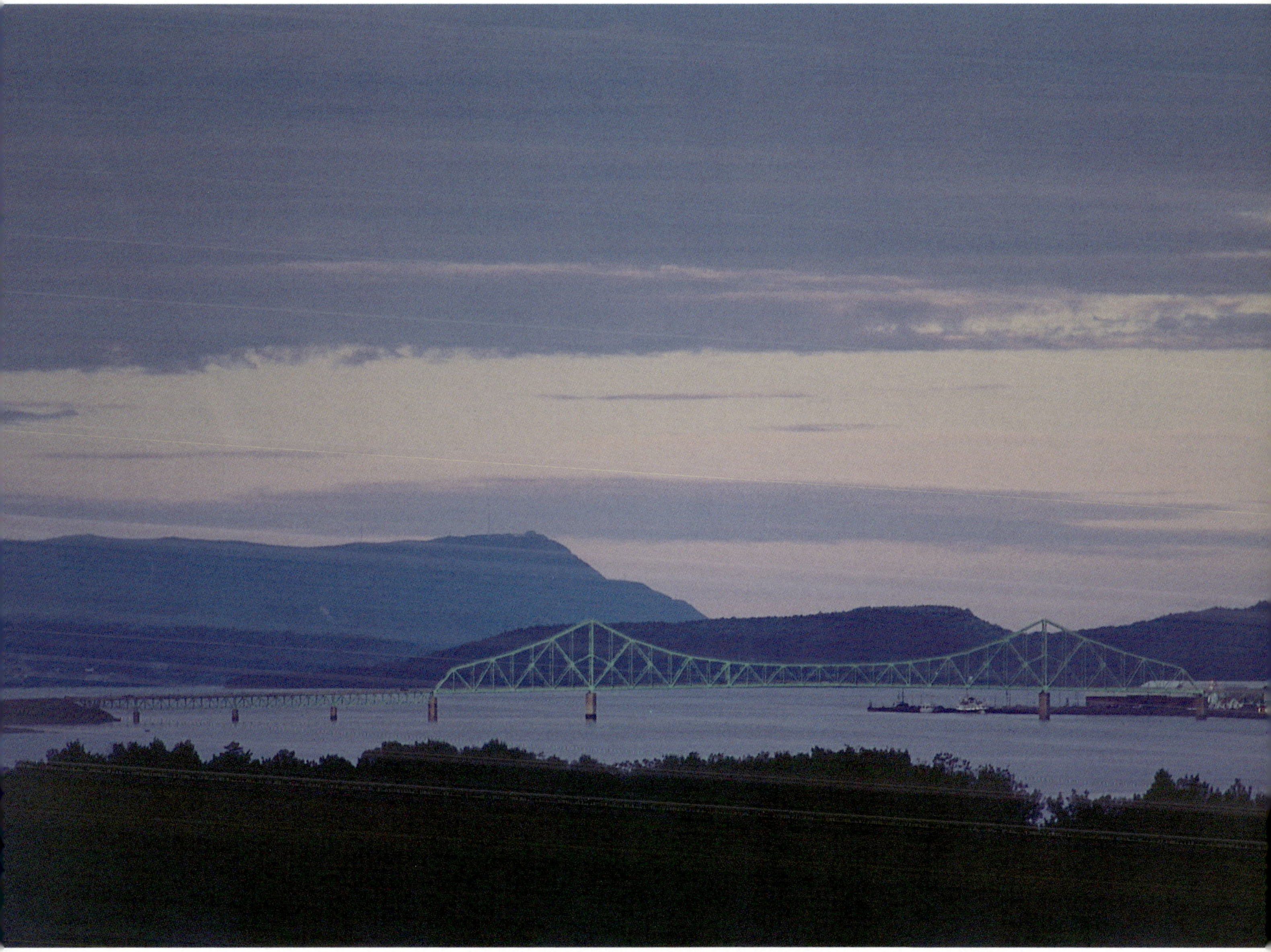

Sunset view of bridge in Campbellton towards the Gaspé
Coucher de soleil sur le pont de Campbellton et la Gaspésie

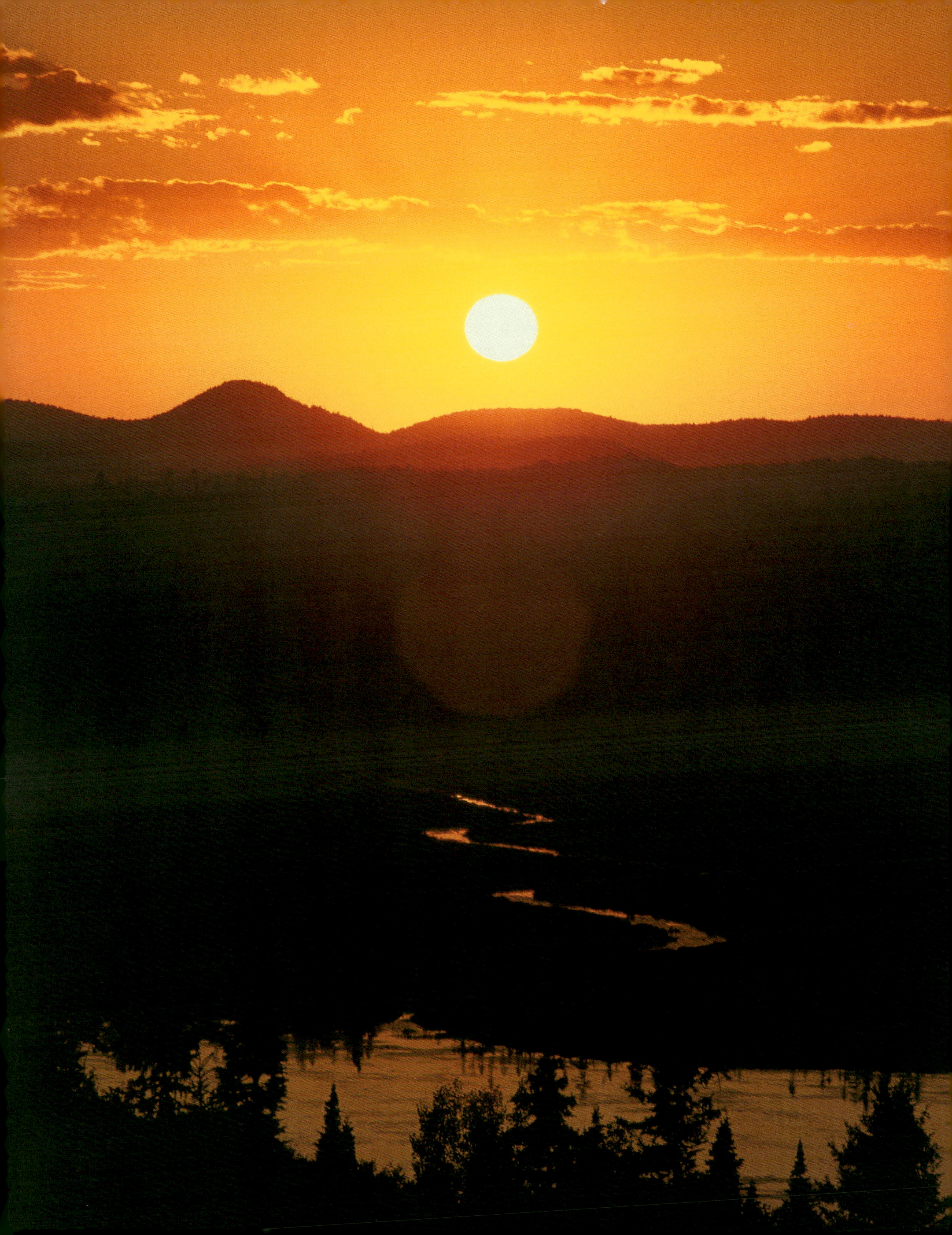

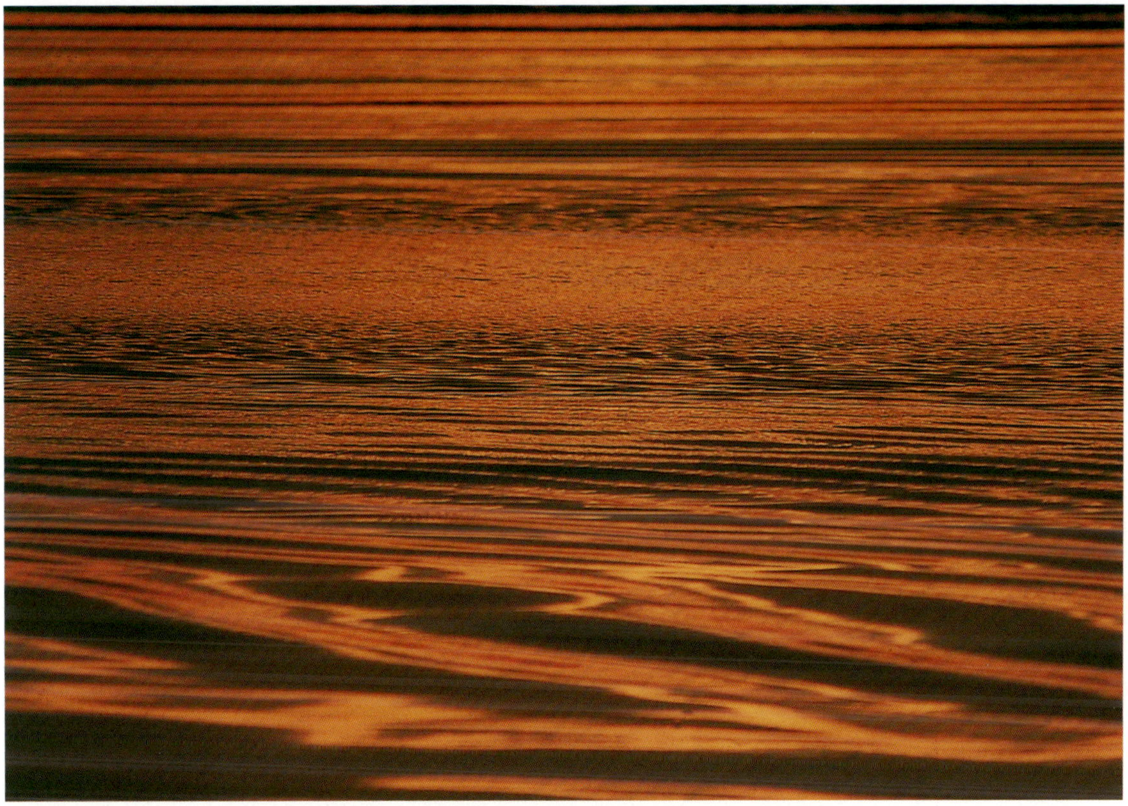

Meduxnekeag River where it enters the St. John River, Woodstock

La rivière Meduxnekeag se jette dans le fleuve Saint-Jean à Woodstock

Facing page: Sunset on hills near Millville

À gauche : Le soleil se couche derrière les collines de Millville

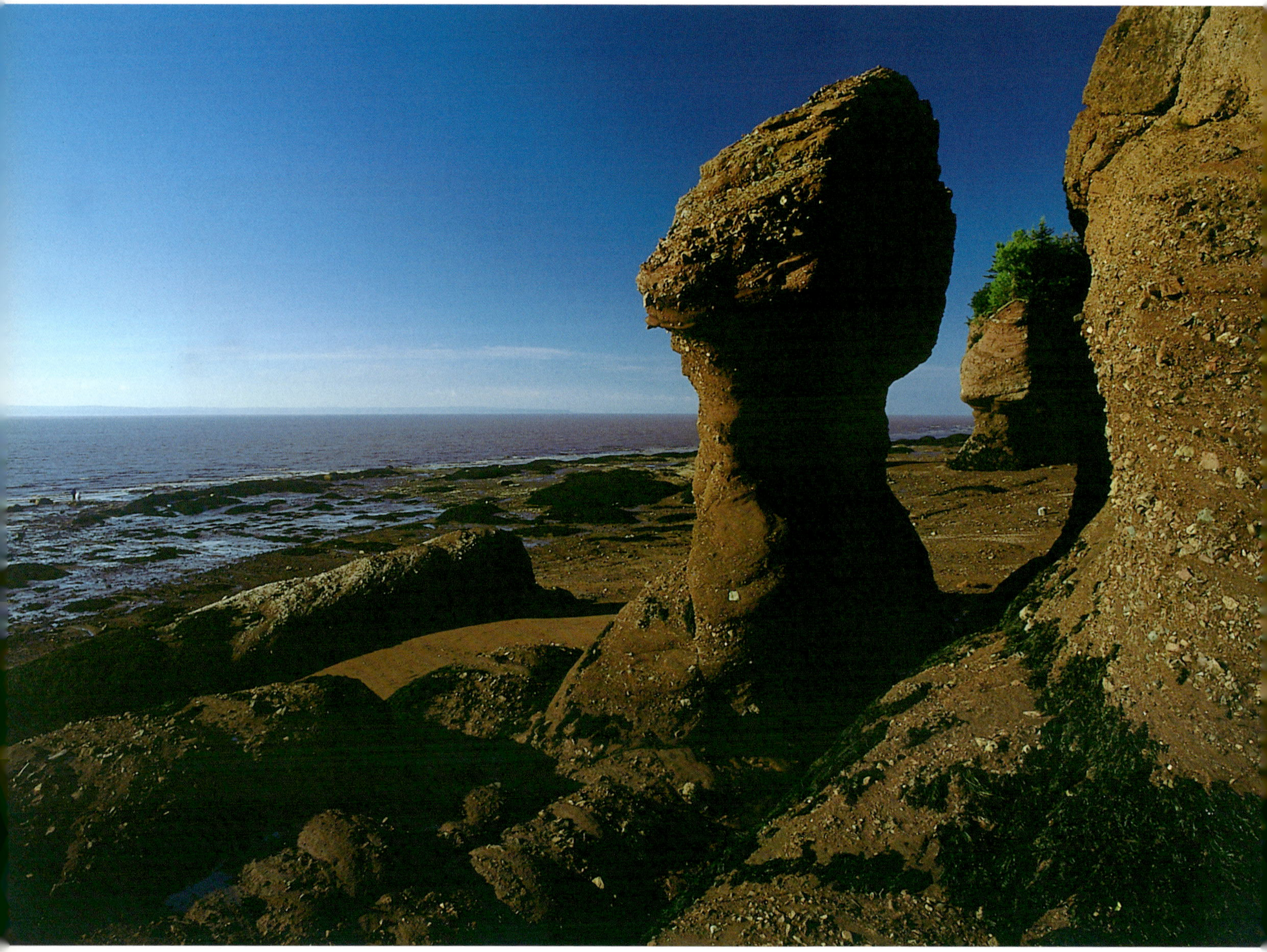

Hopewell Rocks Provincial Park
Parc provincial Hopewell Rocks

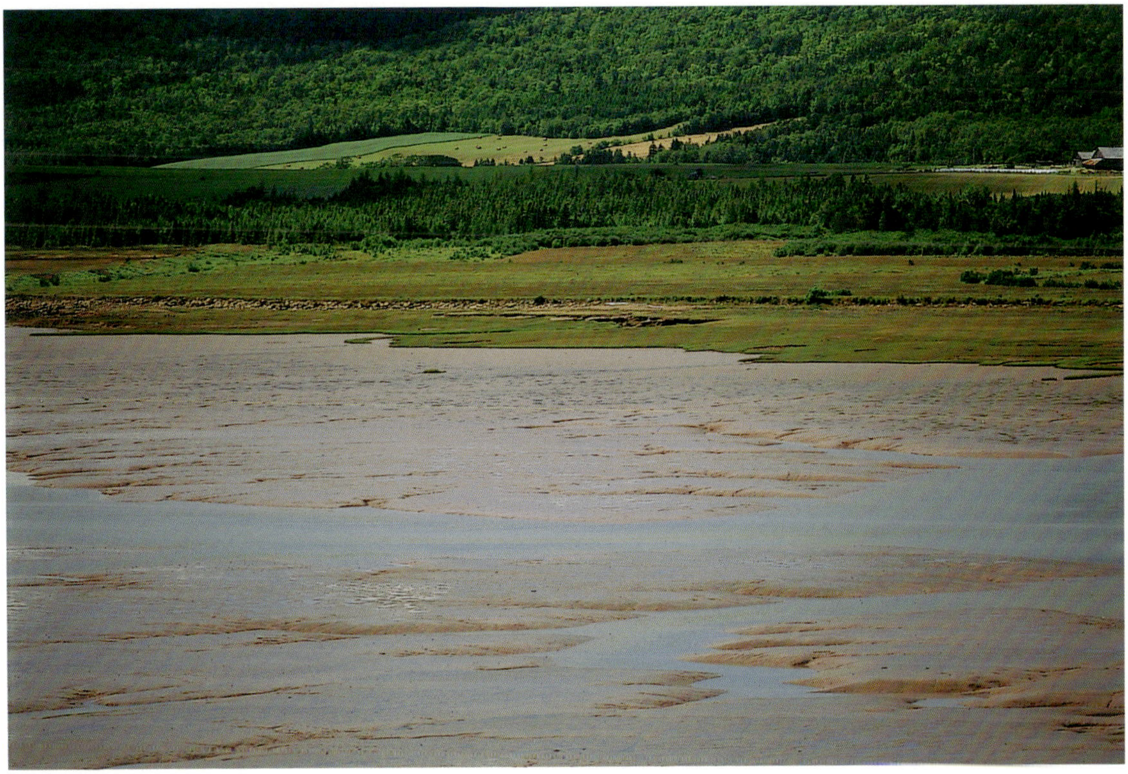

Mud flat revealed at low tide from a lookout at Hopewell Rocks Provincial Park

Vasière vue du belvédère des rochers de Hopewell

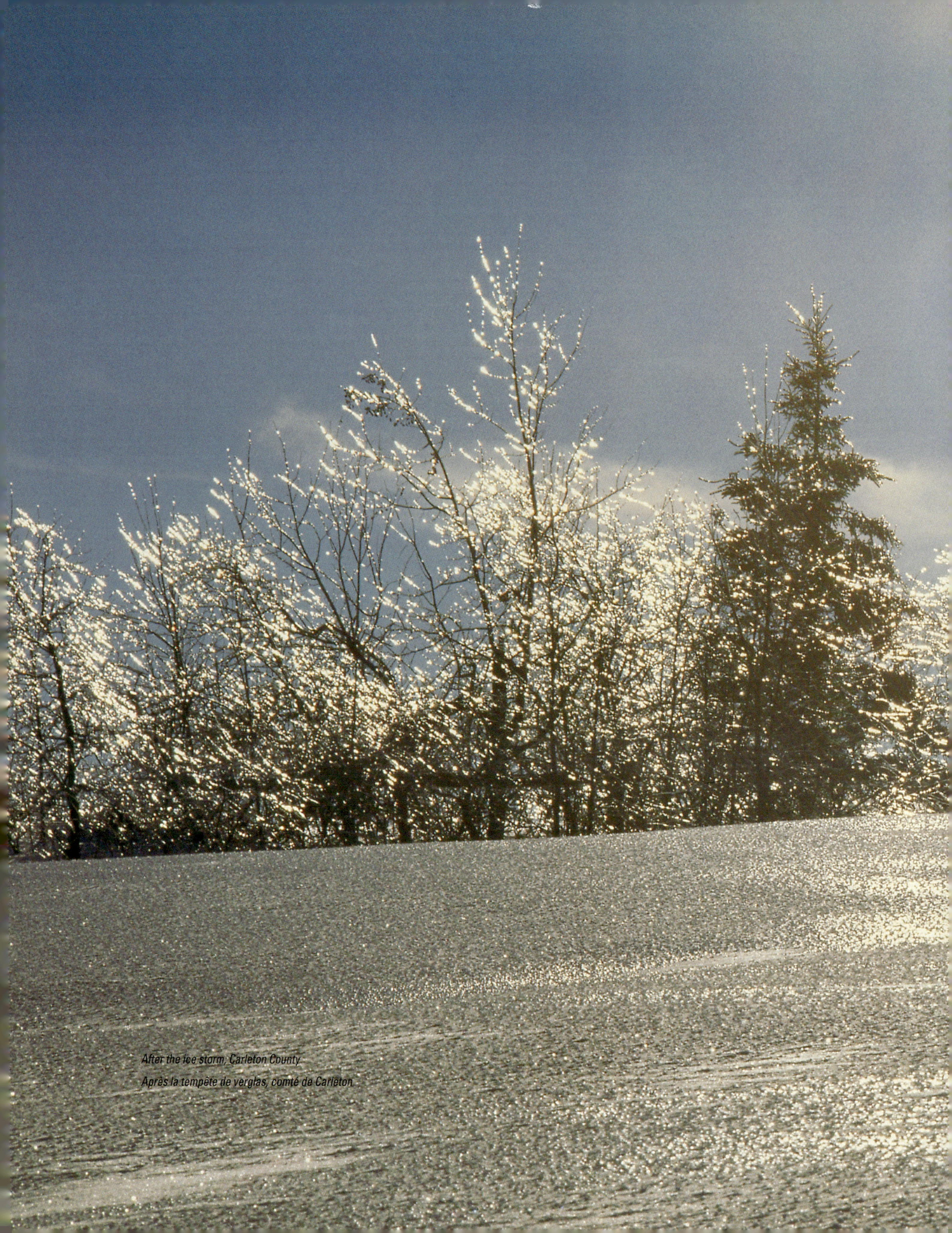

After the ice storm, Carleton County

Après la tempête de verglas, comté de Carleton

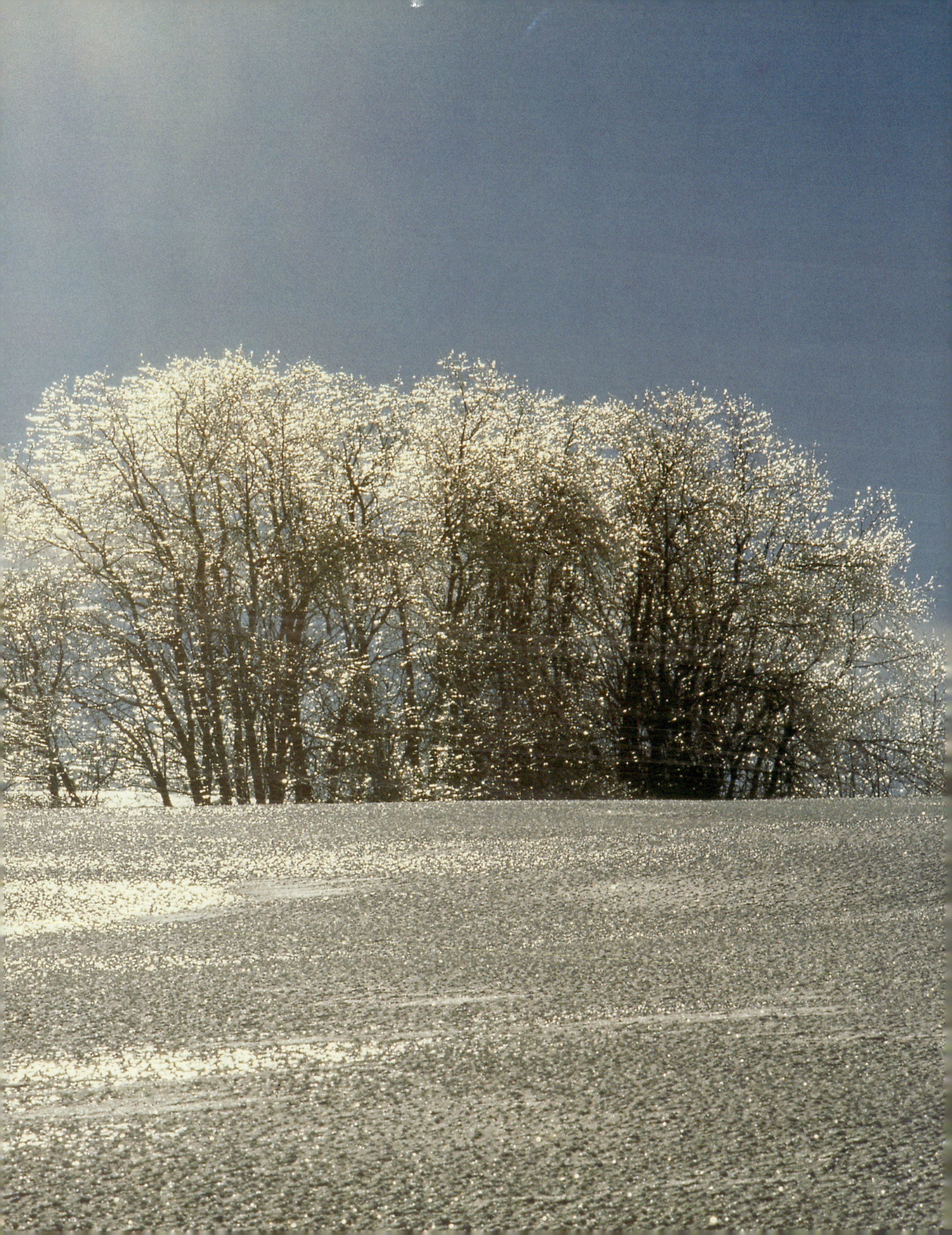

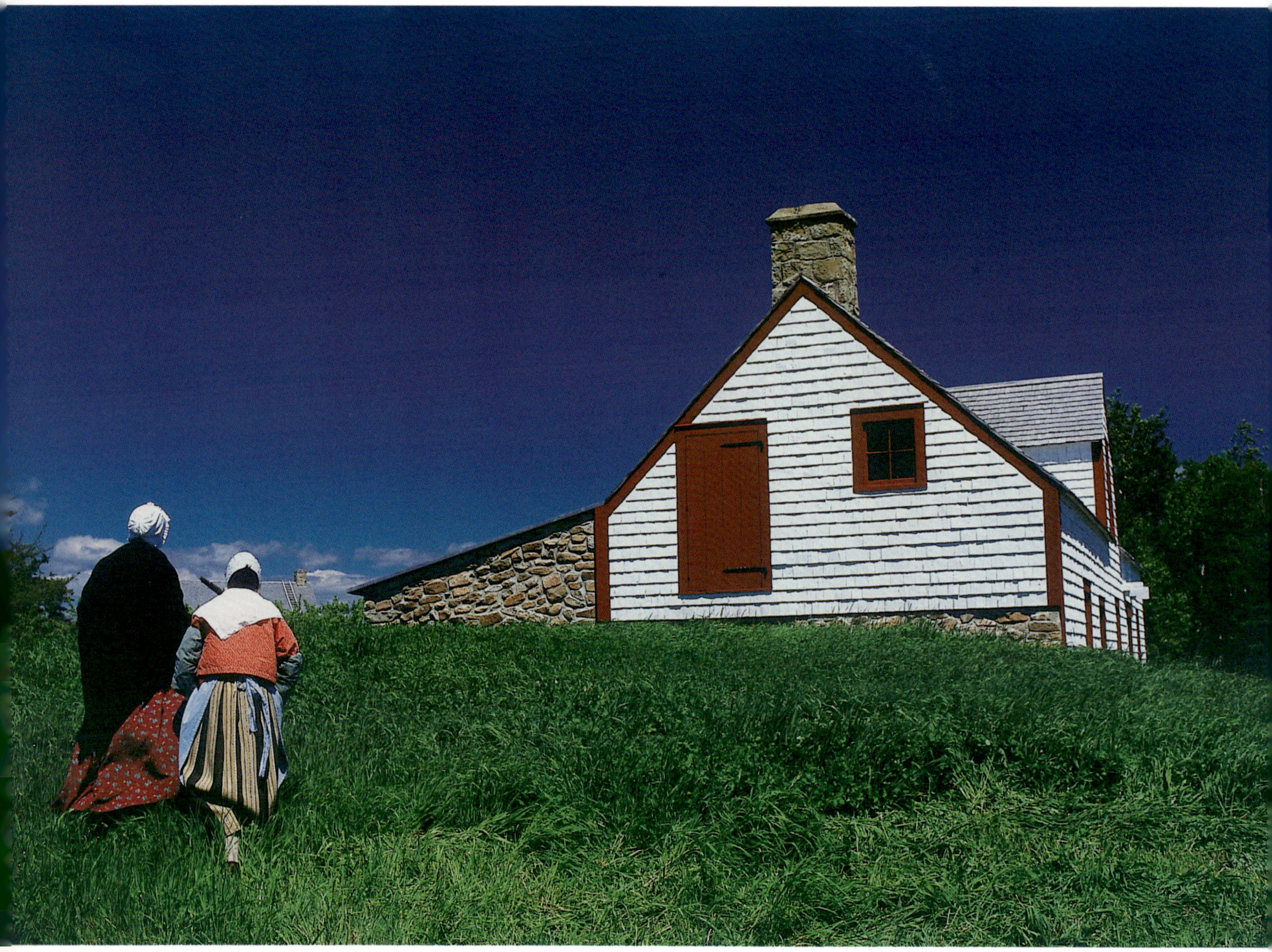

Acadien Village

Village historique acadien

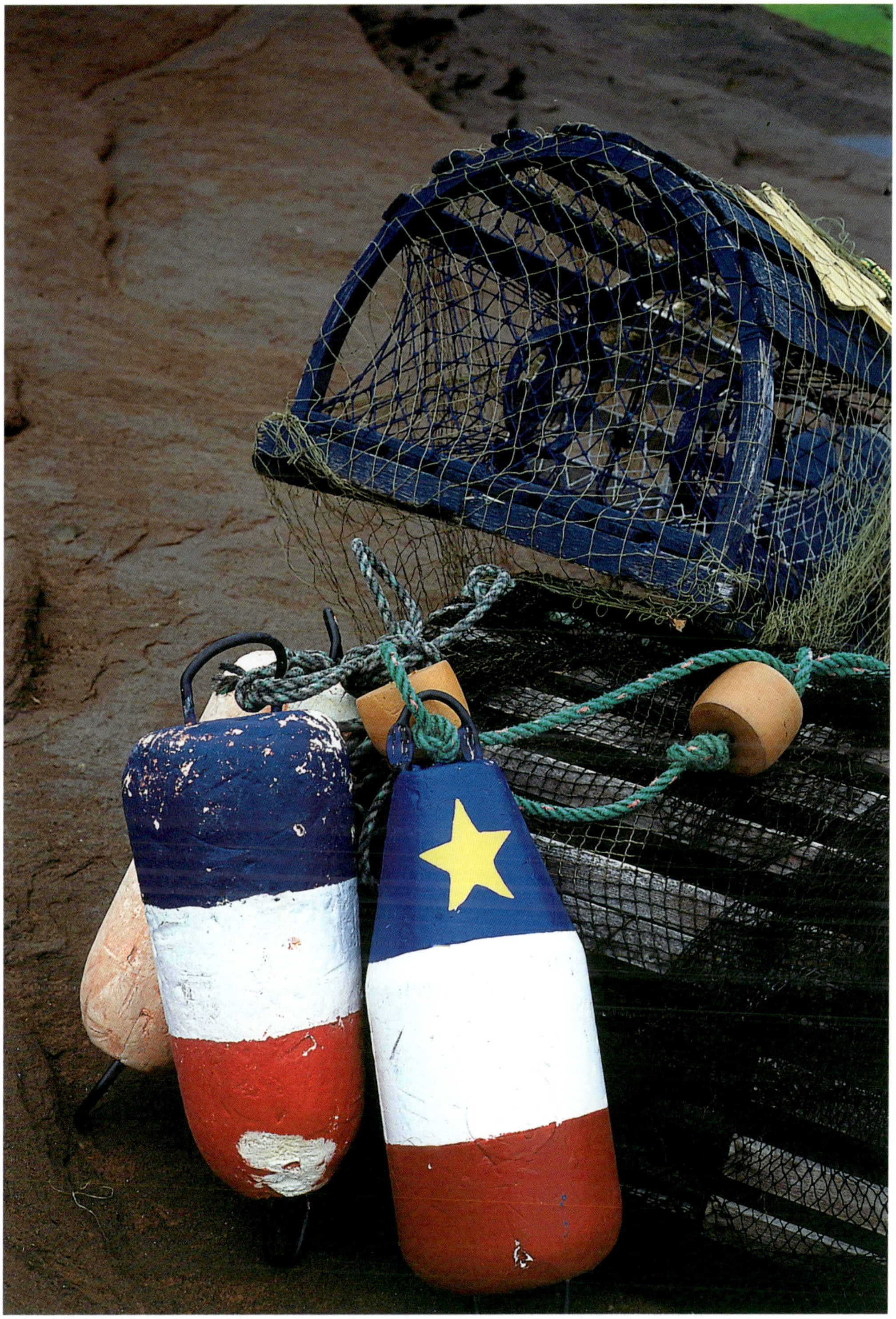

Lobster traps and Acadian flag design on buoys on the packed sandstone rocks along the coast by Cap-Pelé

Casiers à homards et bouées aux couleurs de l'Acadie sur le littoral de grès qui borde Cap-Pelé

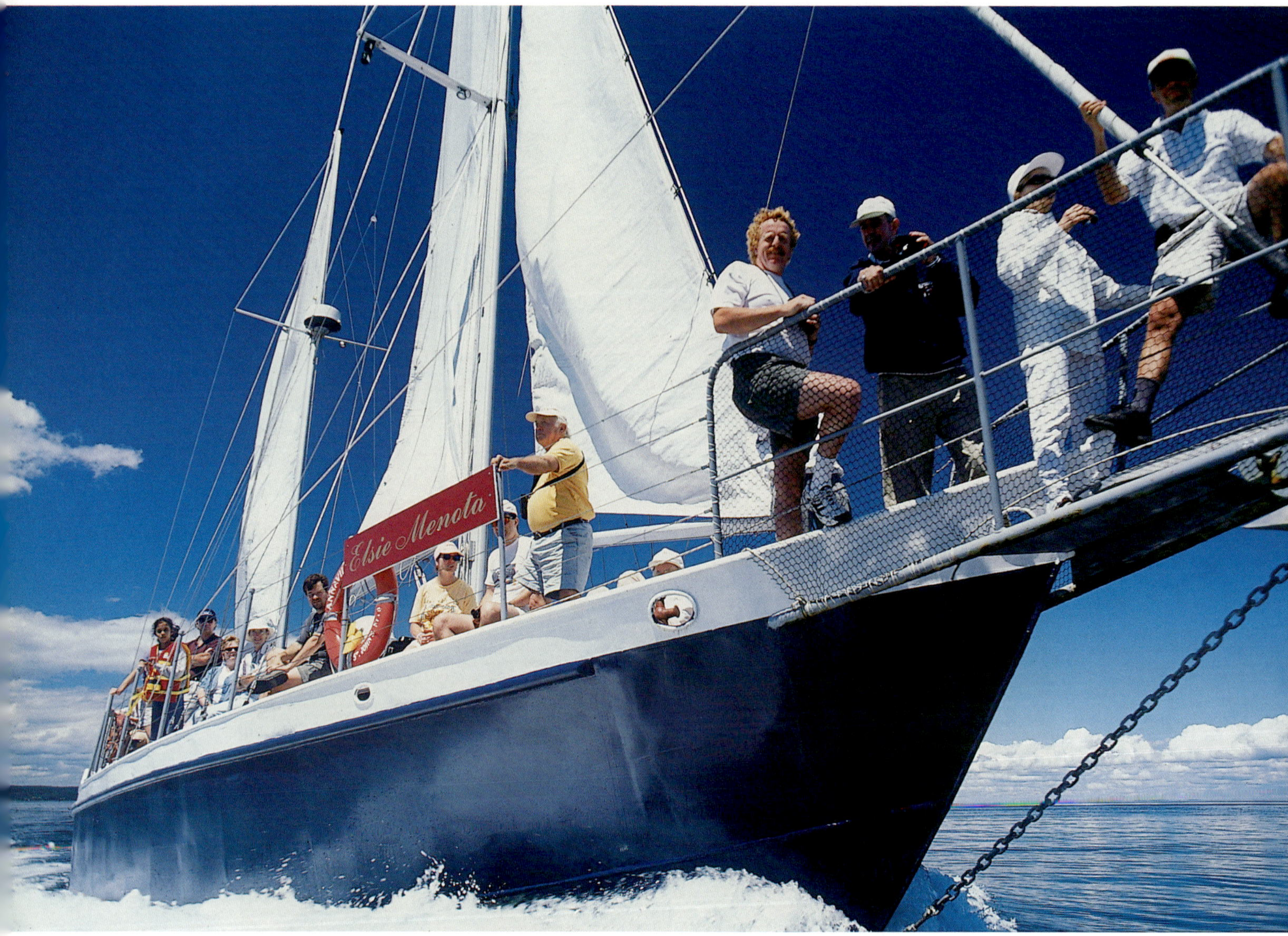

Whale watching boat off Grand Manan, Bay of Fundy

Observation des baleines au large de Grand Manan, baie de Fundy

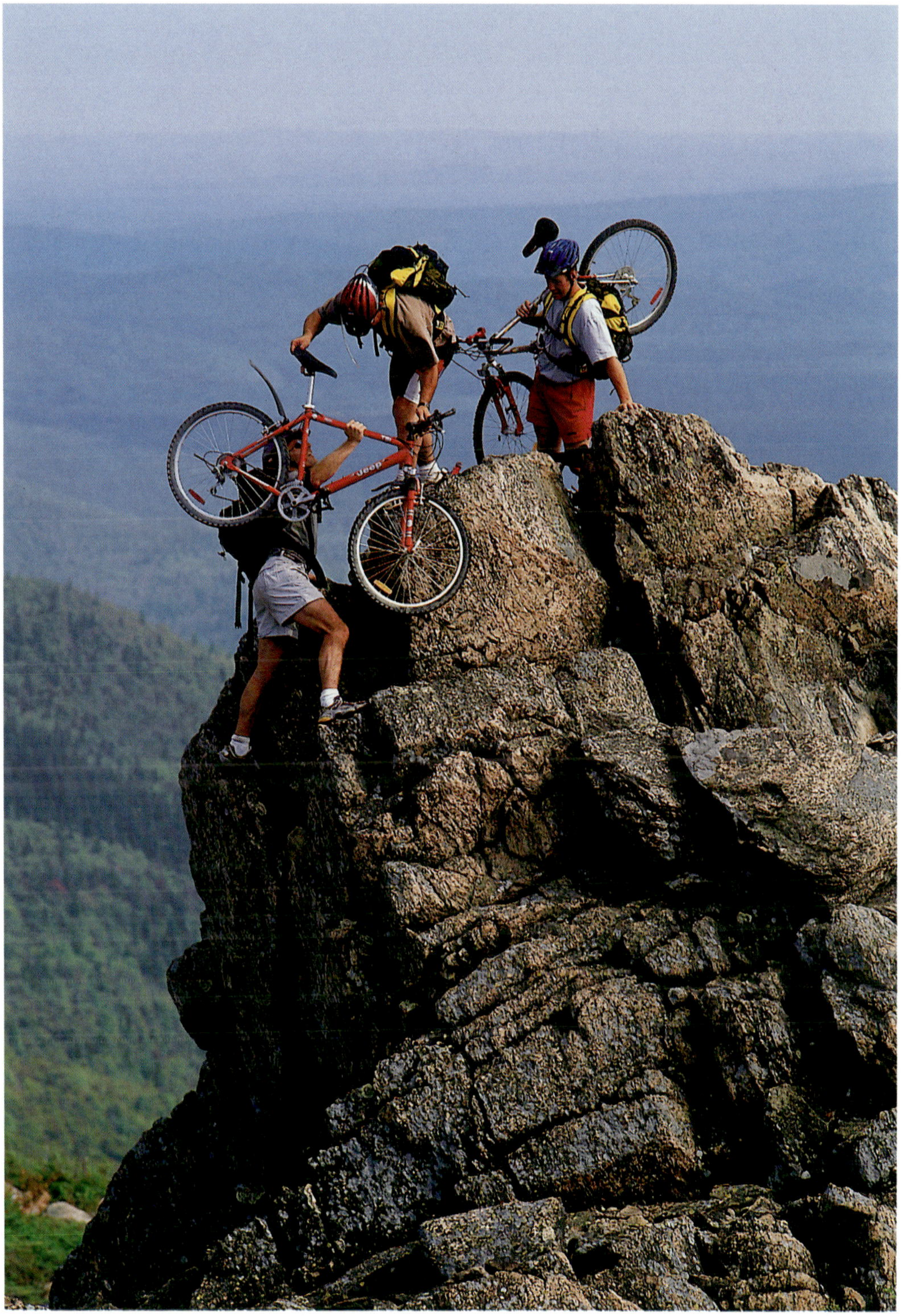

Mount Carleton Provincial Park

Le parc provincial du Mont Carleton

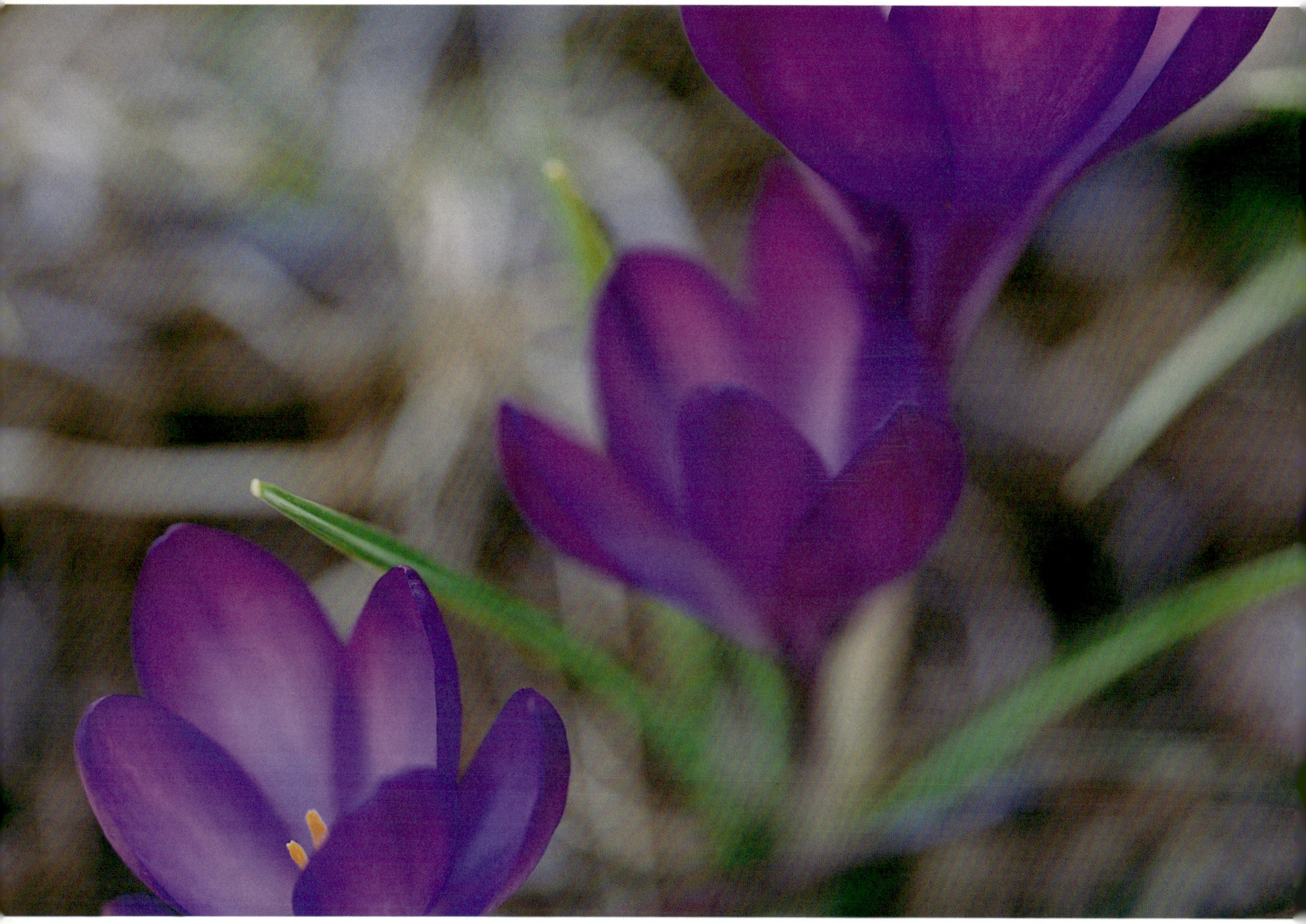

Crocus in spring
Crocus au printemps

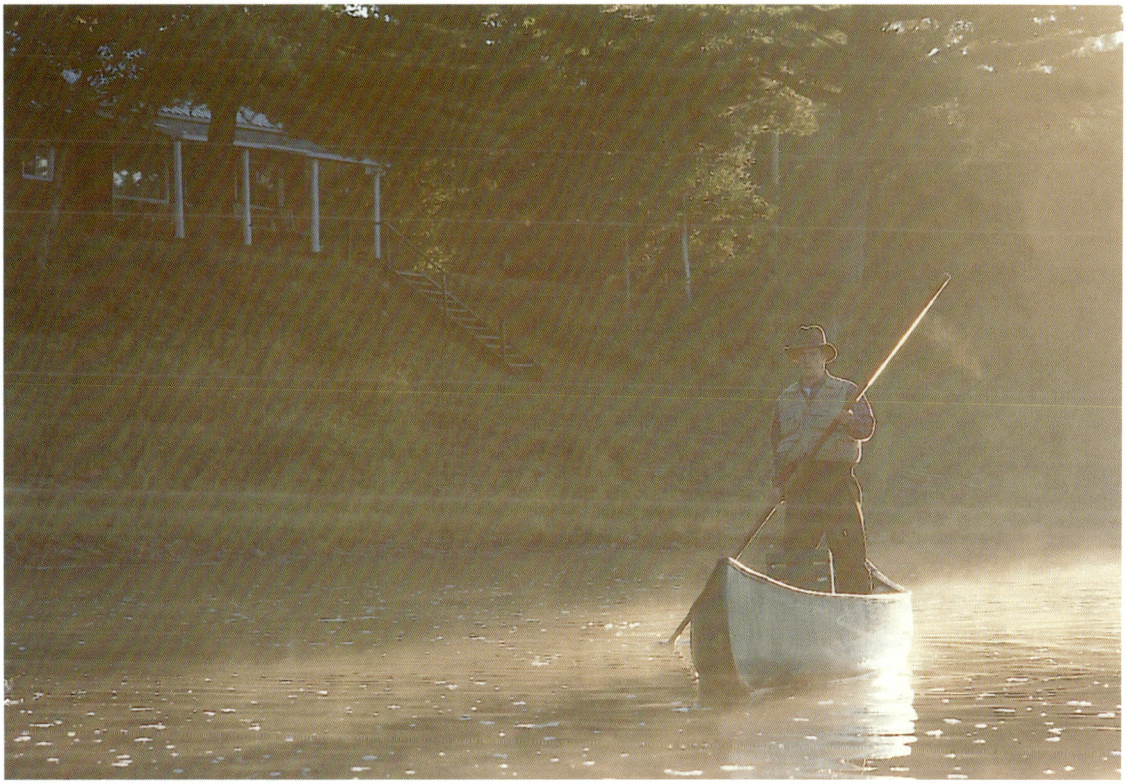

Poling along the Miramichi River
En canot sur la Miramichi

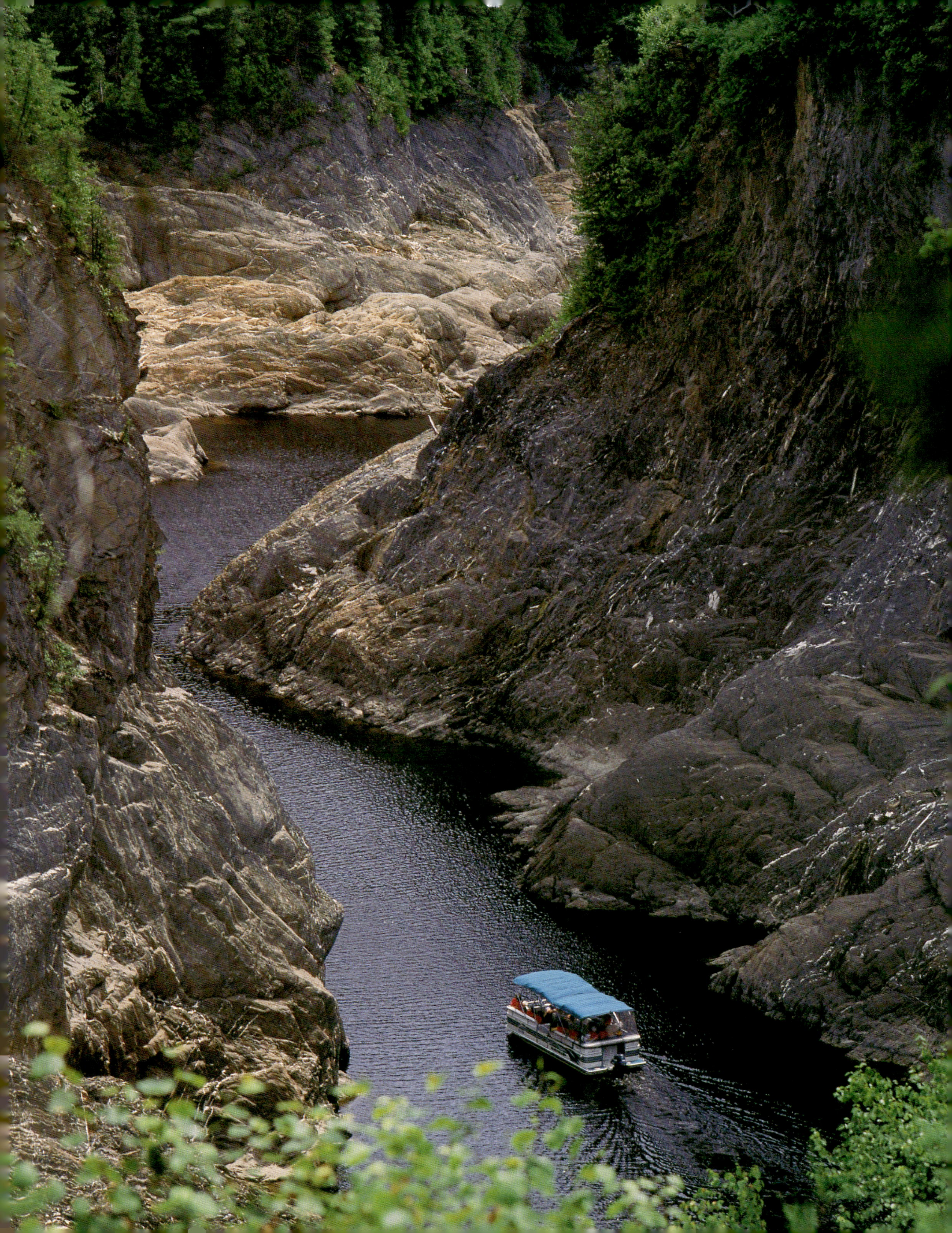

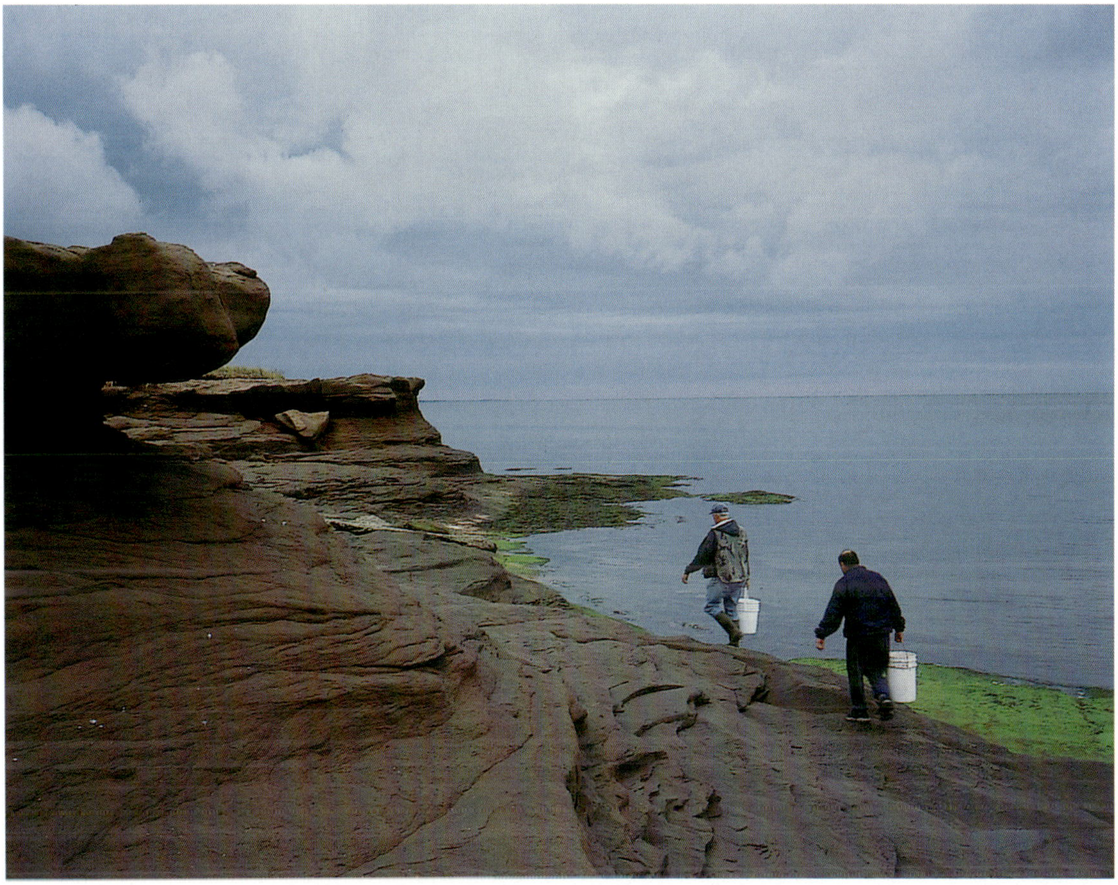

Going to clean clams at Cap-Pelé on the Northumberland Strait
Nettoyage des palourdes à Cap-Pelé, détroit de Northumberland

Facing page: Sightseeing boat, Grand Falls
À gauche : Excursion en bateau, Grand Falls

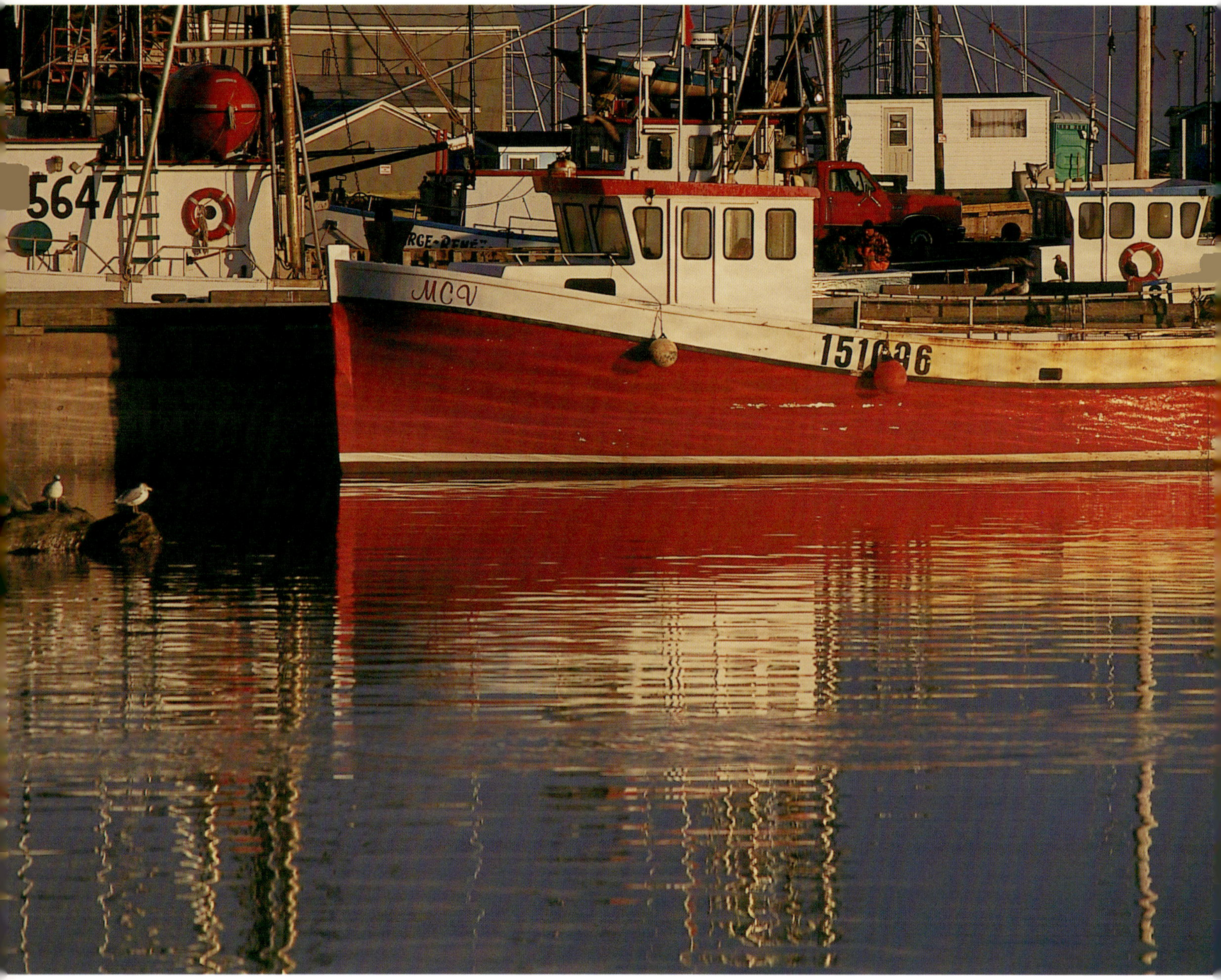

Fishing boats at Shippigan
Bateaux de pêche, Shippigan

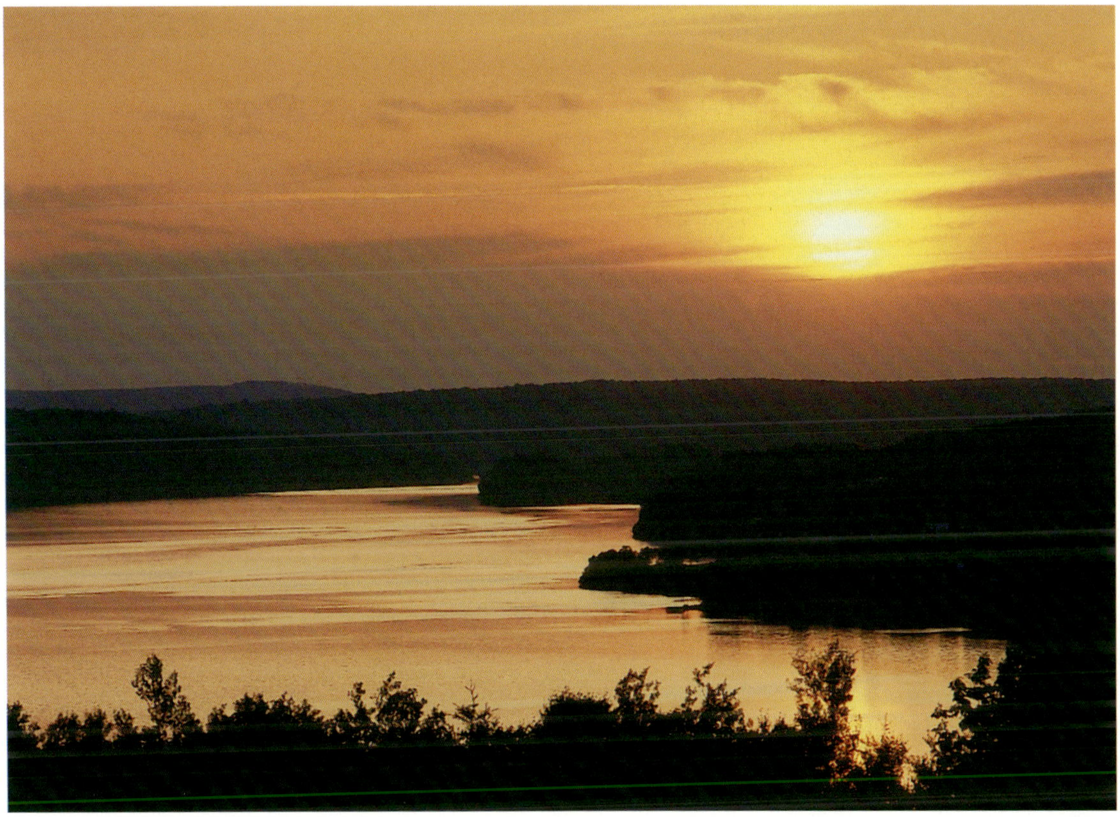

Sunset on St. John River between Nackawick and Meductic
Un coucher de soleil sur le fleuve Saint-Jean entre Nackawick et Meductic

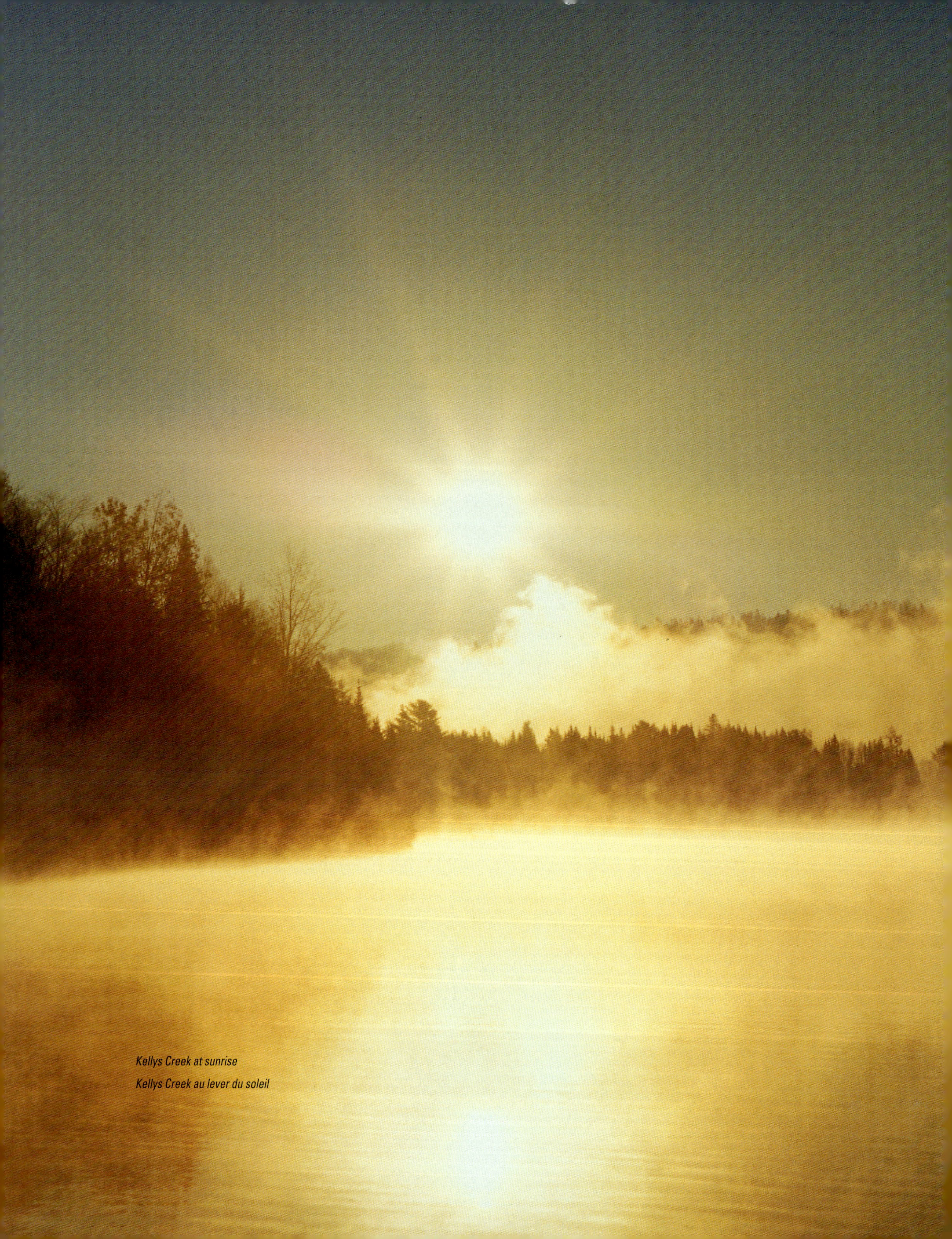

Kellys Creek at sunrise
Kellys Creek au lever du soleil

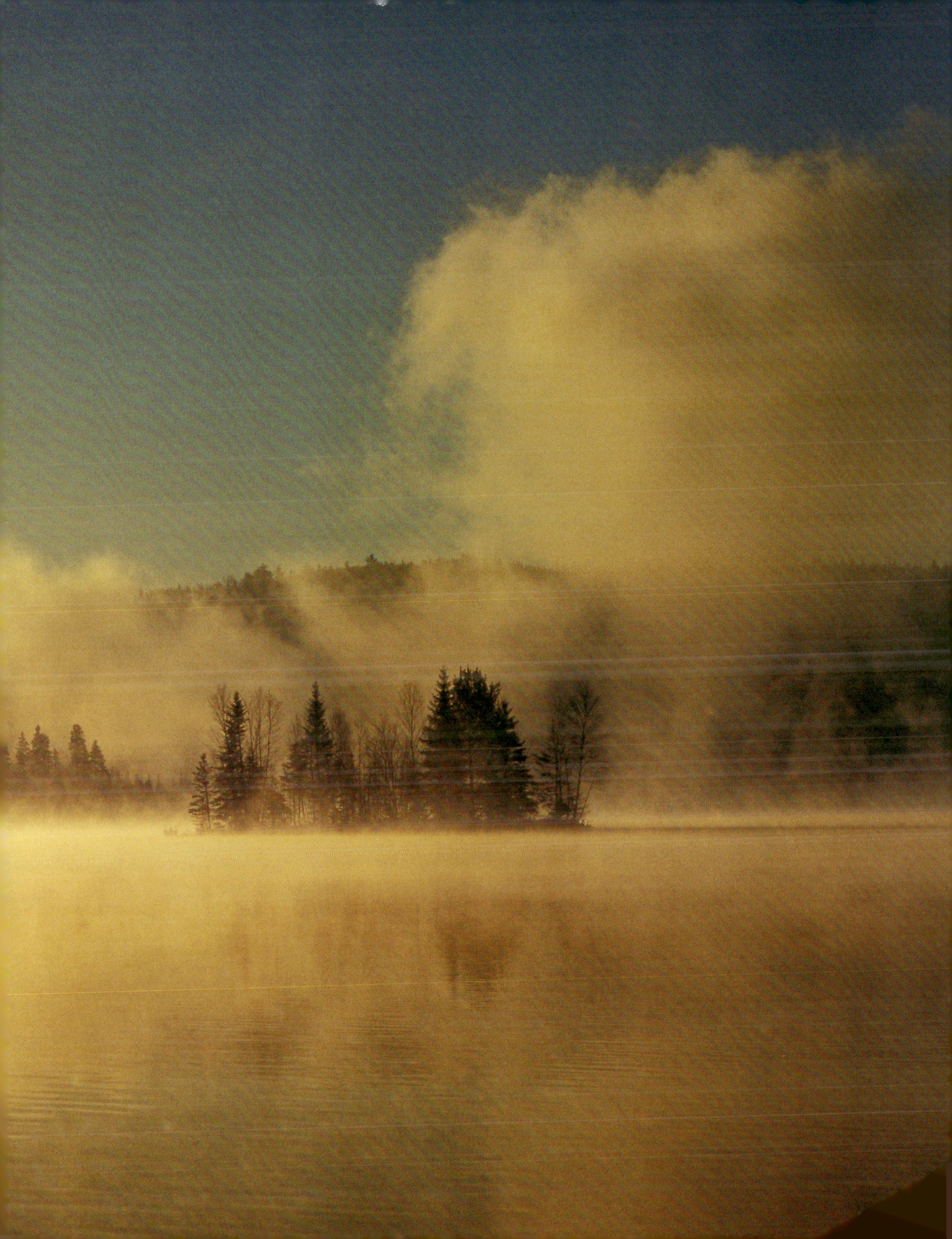

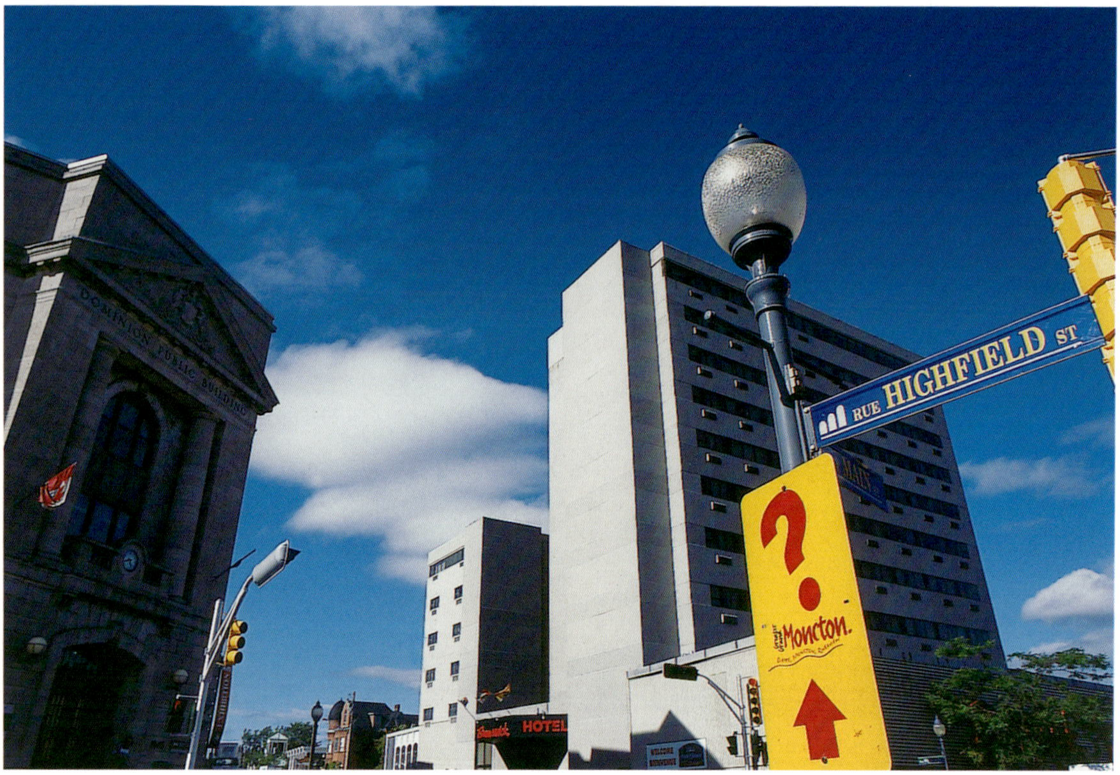

Old Dominion Public Building and Brunswick Hotel, Moncton
L'ancien Dominion Public Building et le Brunswick Hotel Moncton

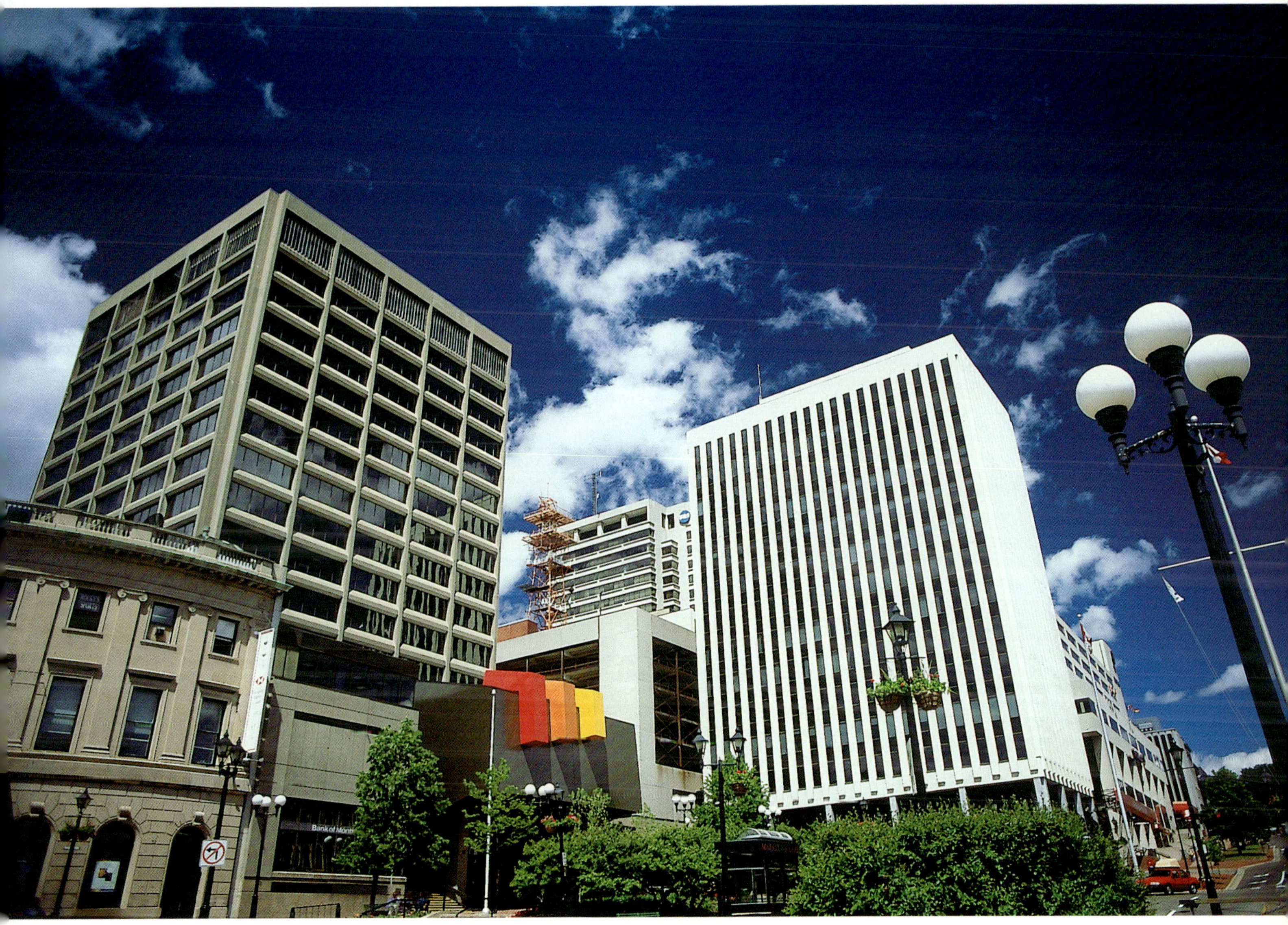

City Hall and other office towers, Saint John
Hôtel de ville et tours à bureaux, Saint John

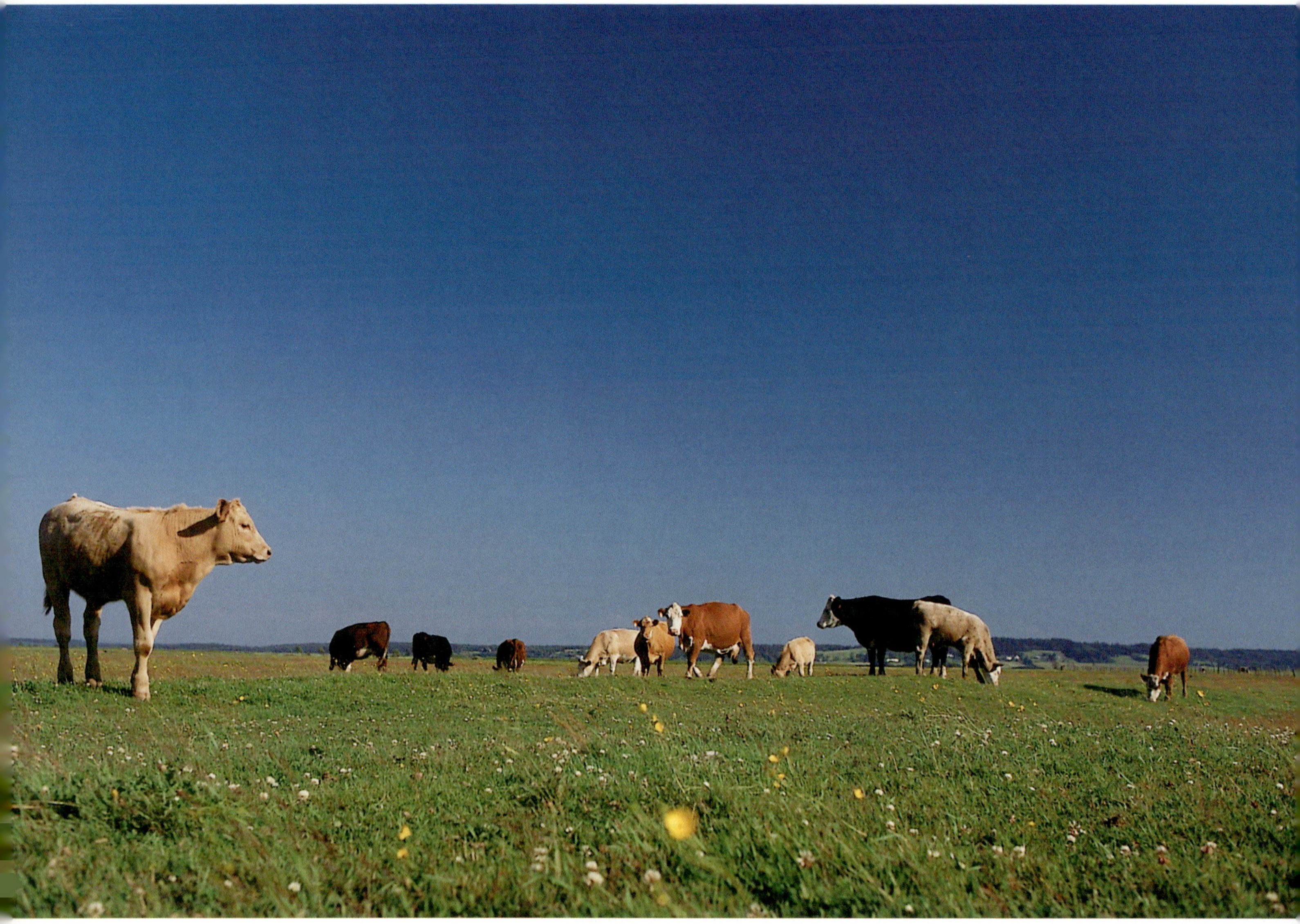

Cattle near Riverside-Albert on Chignecto Bay
Bétail. Région de Riverside-Albert, baie de Chignecto

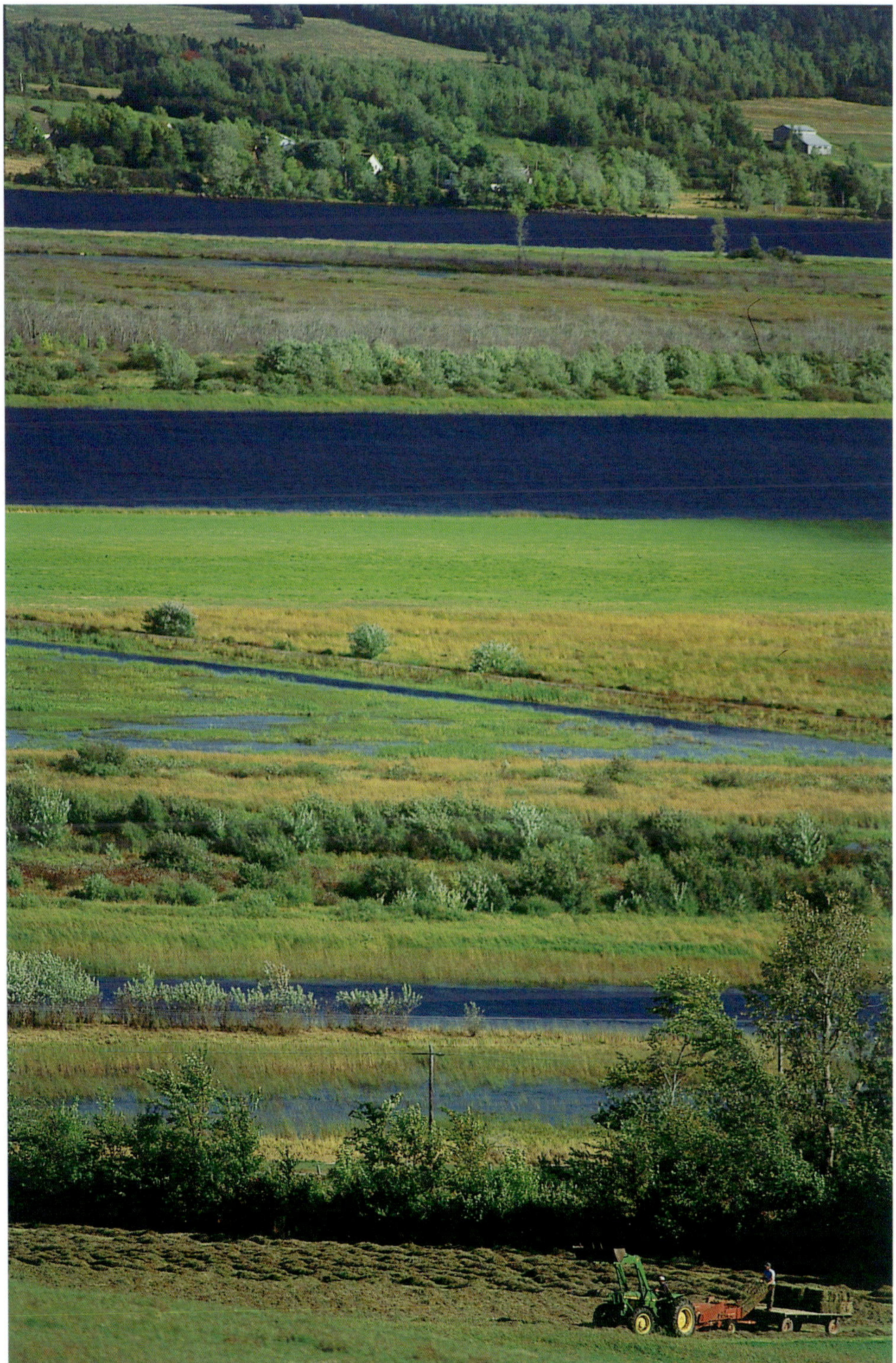

Harvesting hay near Queenstown, south of Gagetown
Récolte près de Queenstown au sud de Gagetown

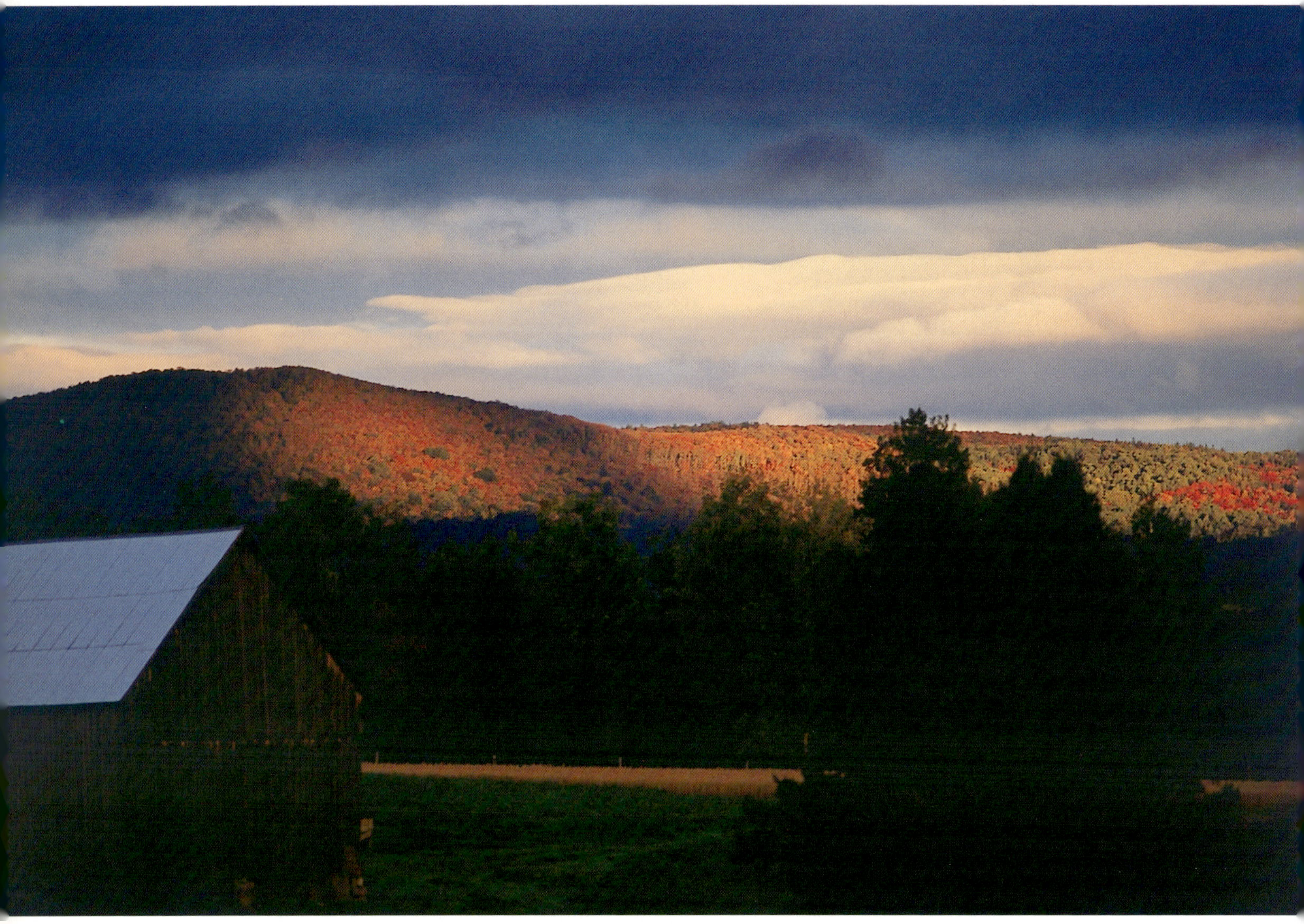

Sunset on hills near Bath

Un coucher de soleil derrière les collines qui avoisinent Bath

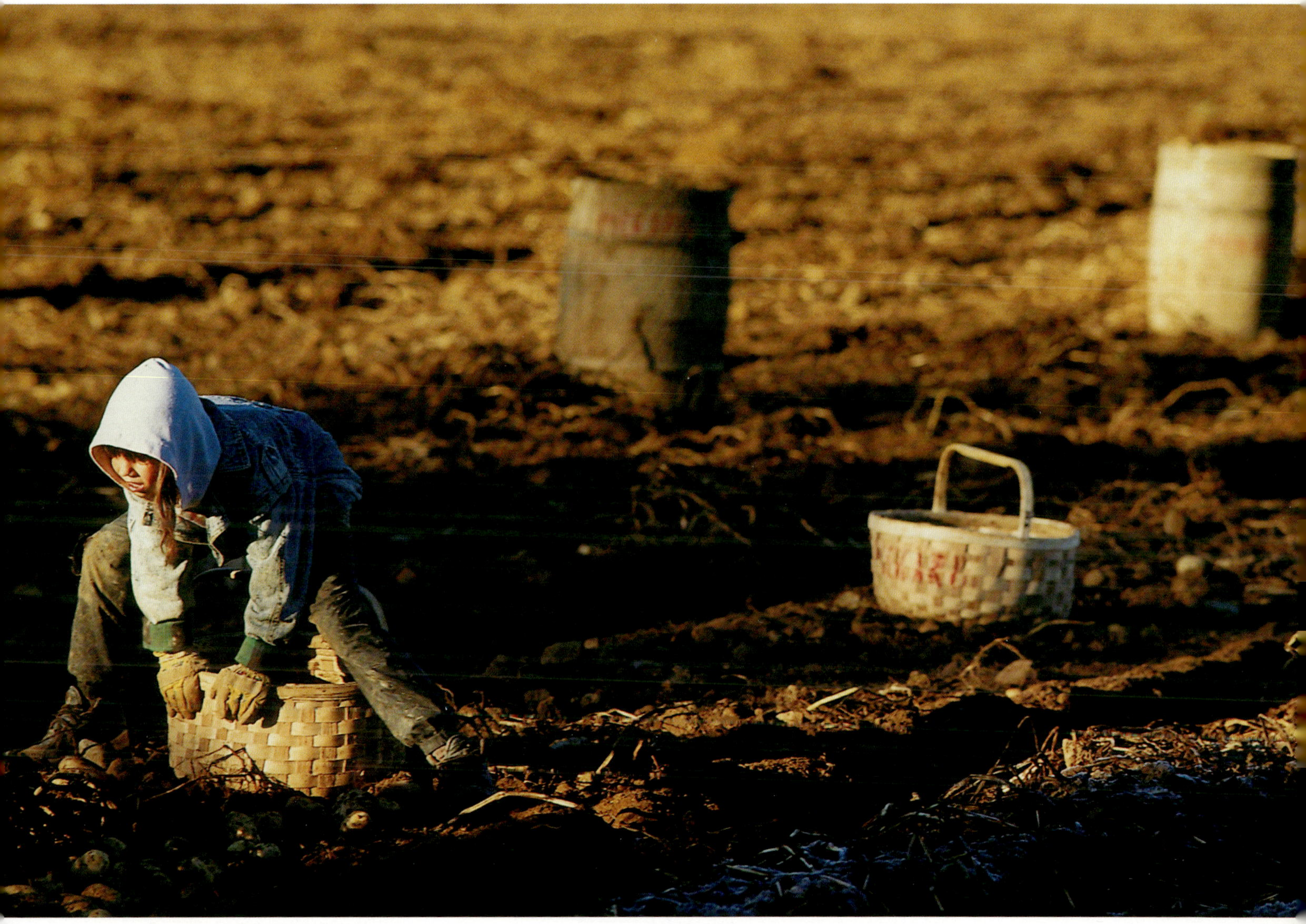

Potato harvest, Johnville, NB

Récolte annuelle de pommes de terre, Johnville, N.-B.

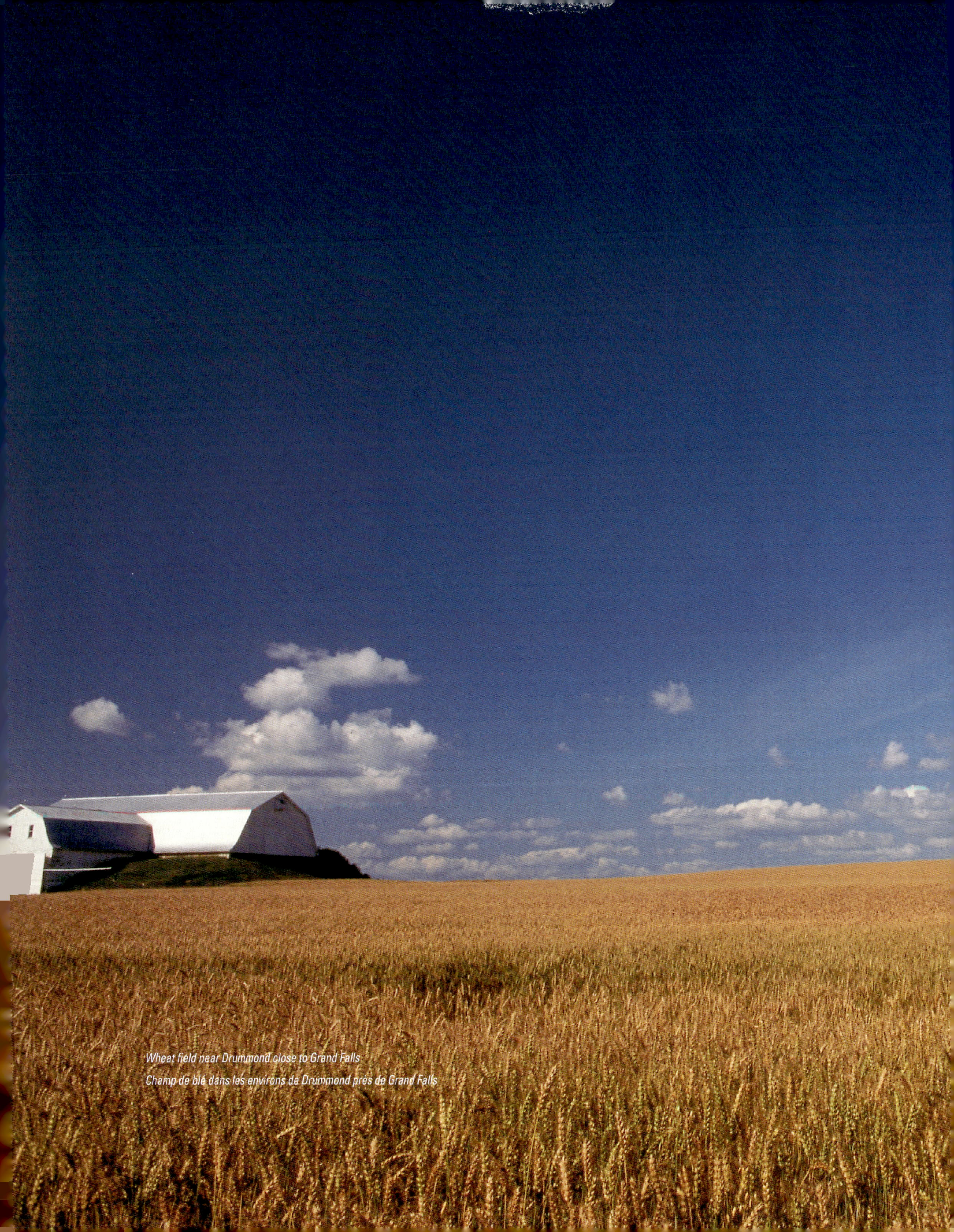

Wheat field near Drummond close to Grand Falls

Champ de blé dans les environs de Drummond près de Grand Falls

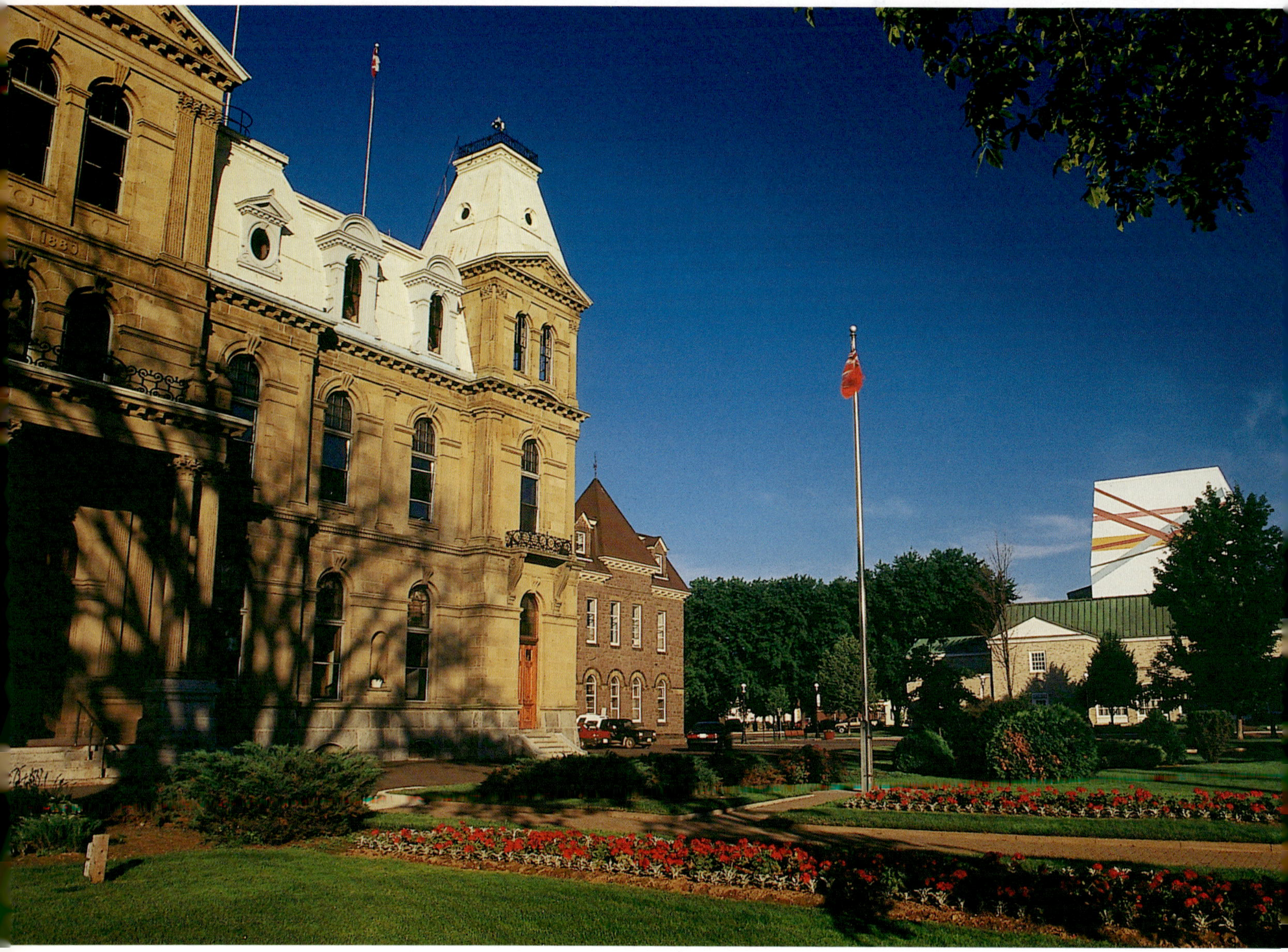

Legislature and The Playhouse, Fredericton
L'édifice de l'assemblée législative et le théâtre The Playhouse, Fredericton

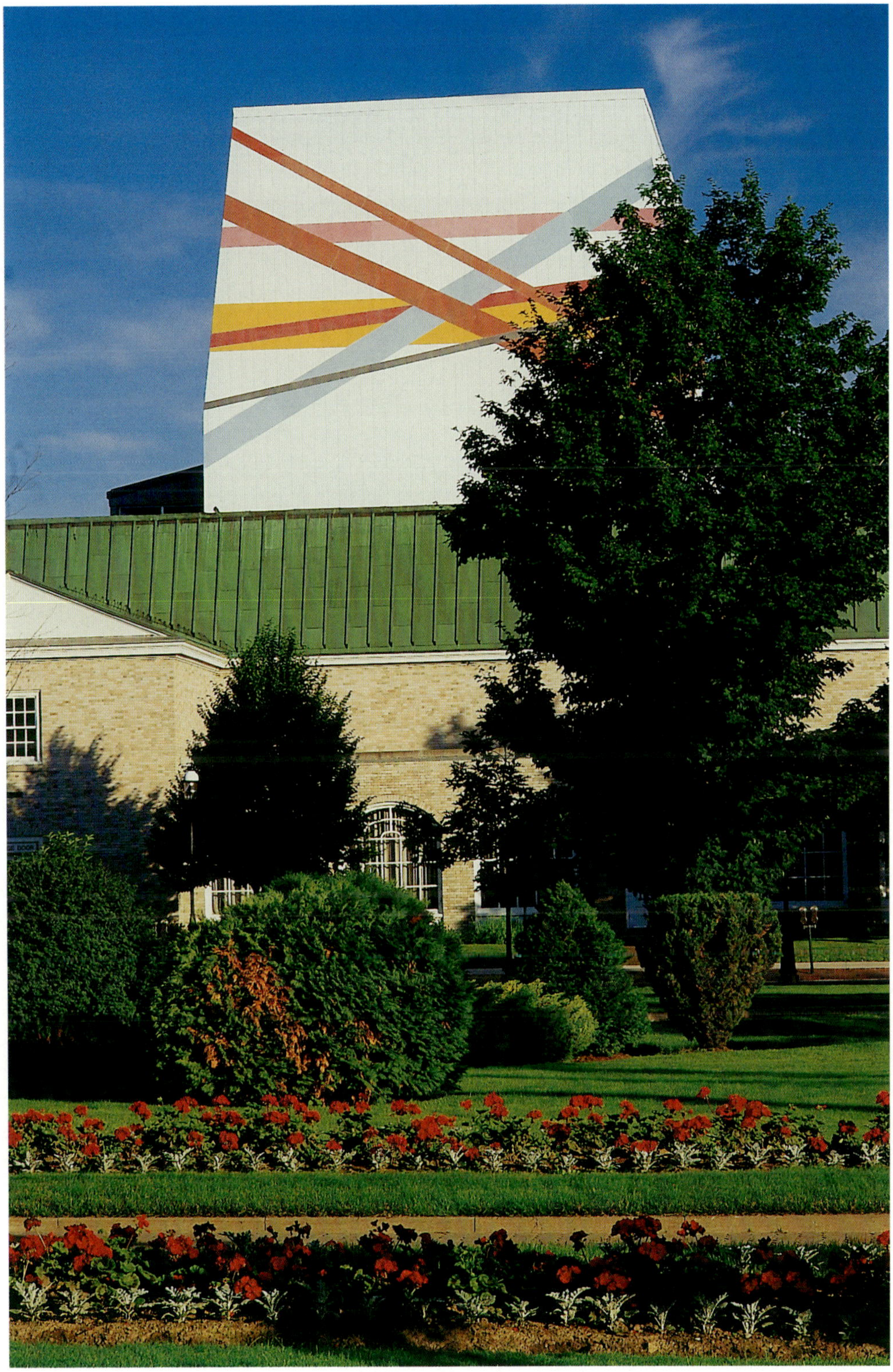

The Playhouse, Fredericton

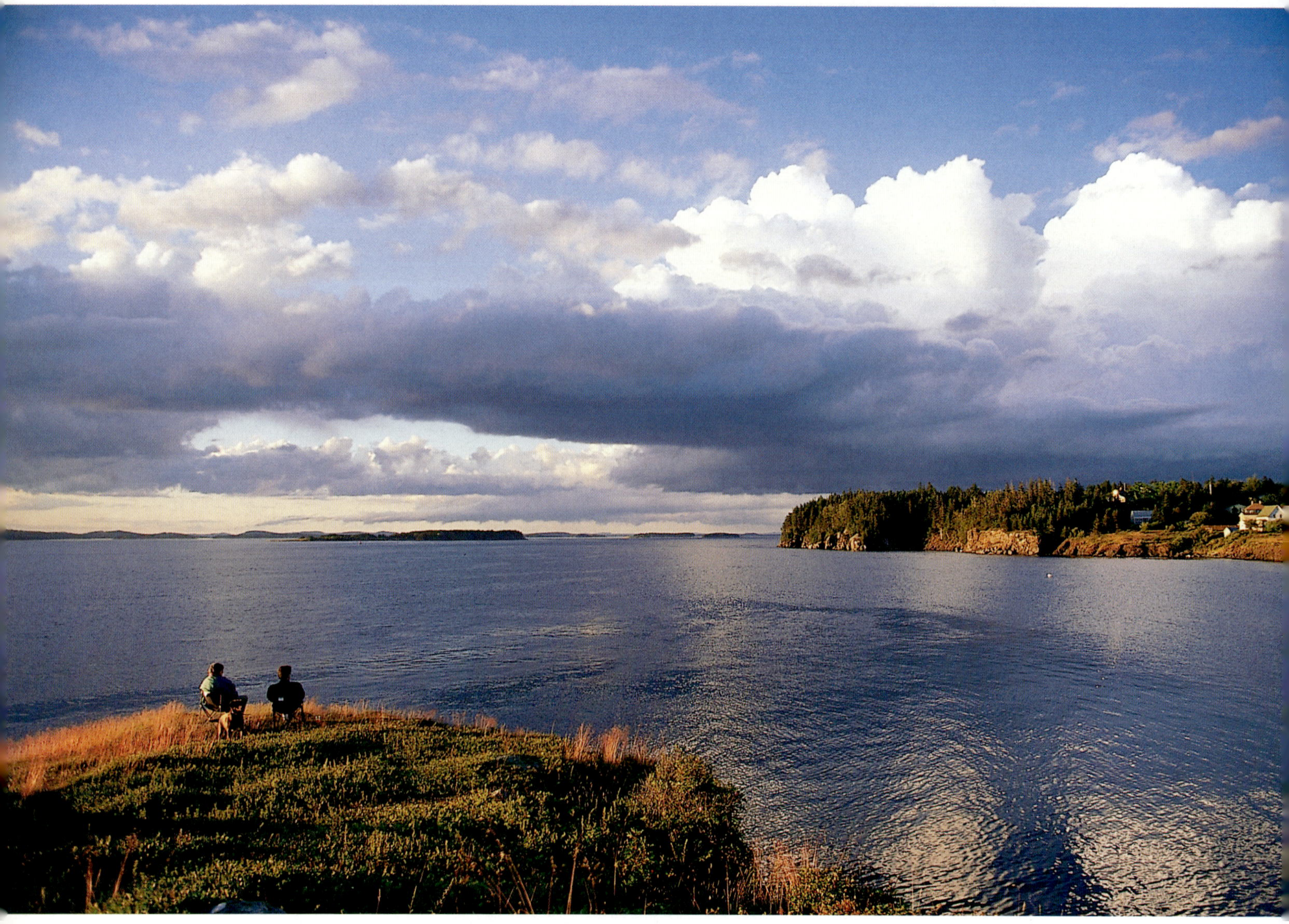

Couple watching sunset on Campobello Island
Couple admirant le coucher du soleil sur l'île de Campobello

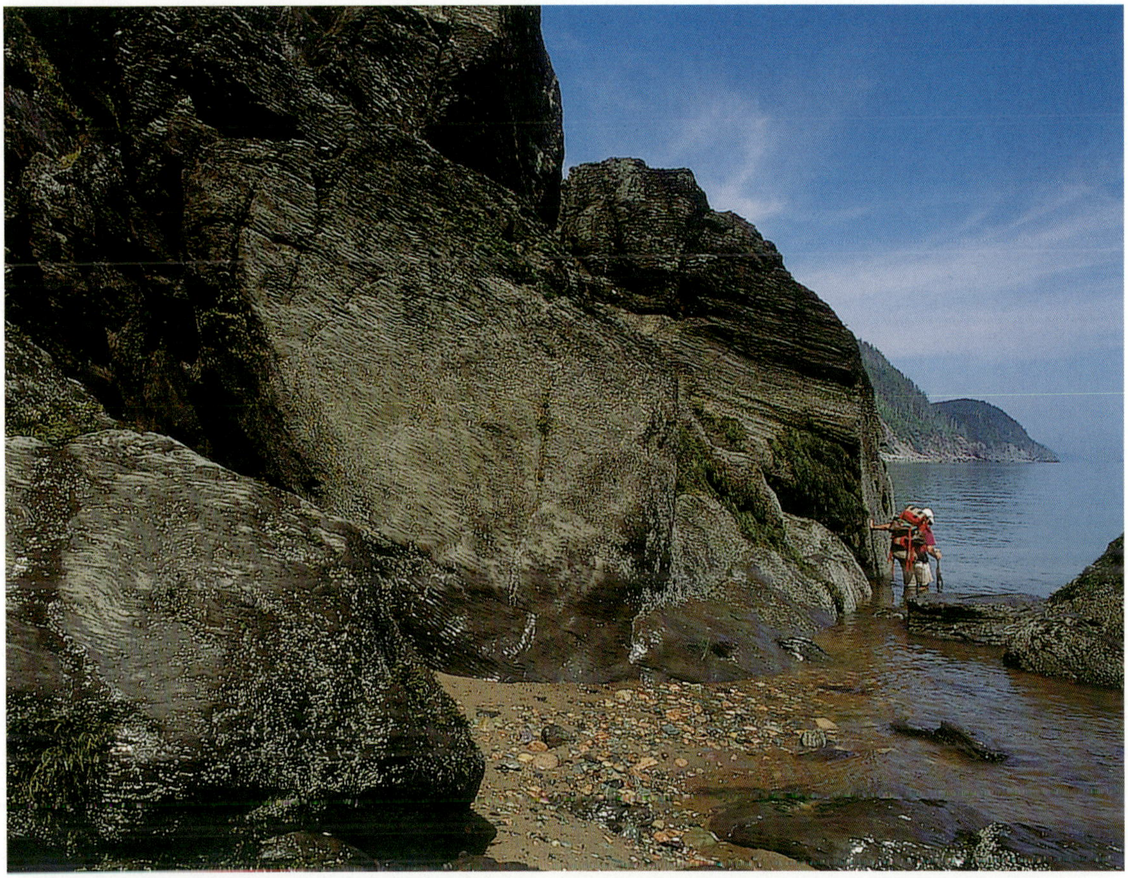

Hiker following coastline between St. Martins and Fundy National Trail. Some points of land are inaccessible until low tide.

Randonnée pédestre sur la piste Fundy entre St Martins et le parc national Fundy. Certaines sections ne sont accessibles qu'à marée basse.

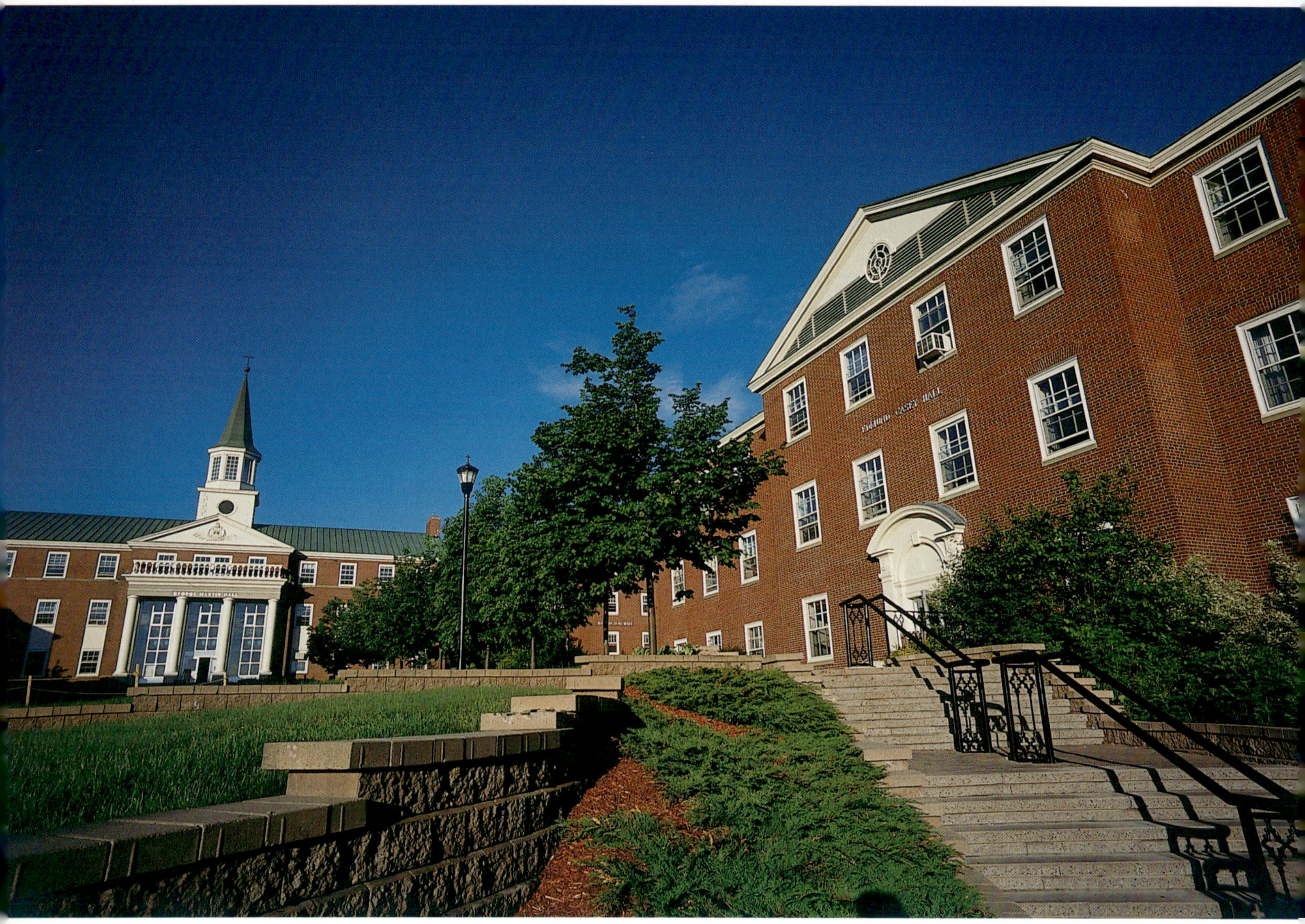

St. Thomas University, Fredericton

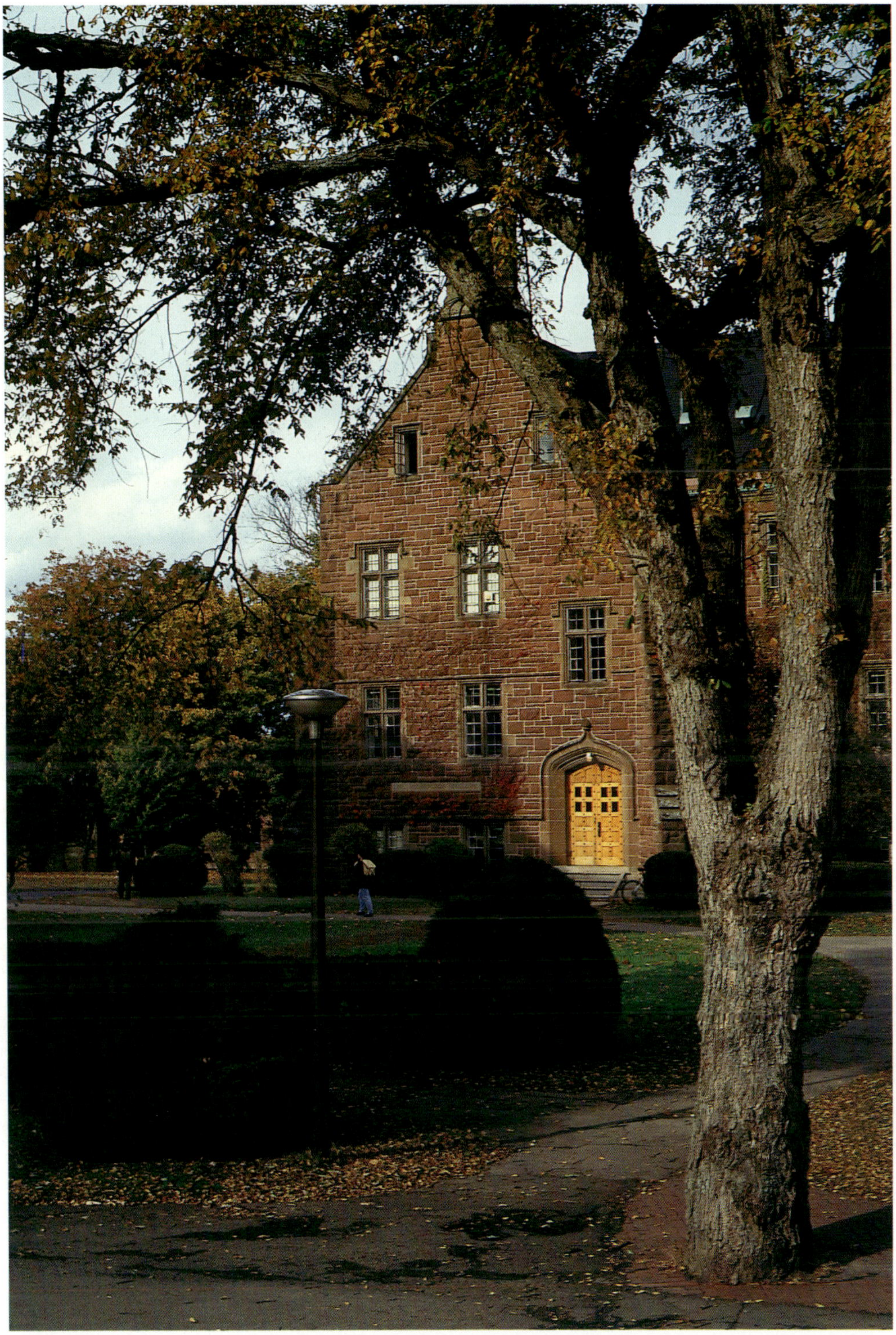

Mount Allison University, Sackville

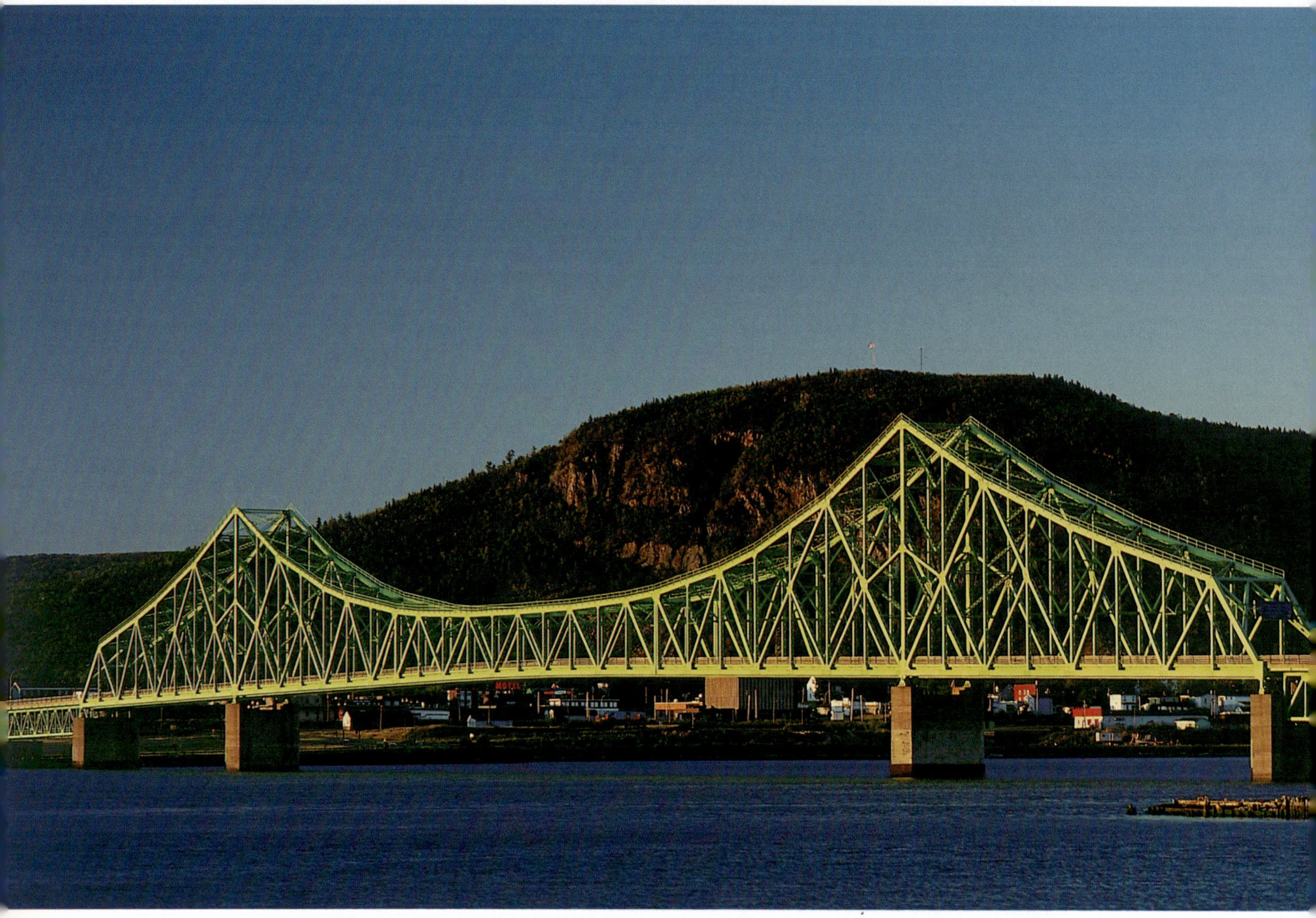

J.C. Van Horne Bridge, Campbellton

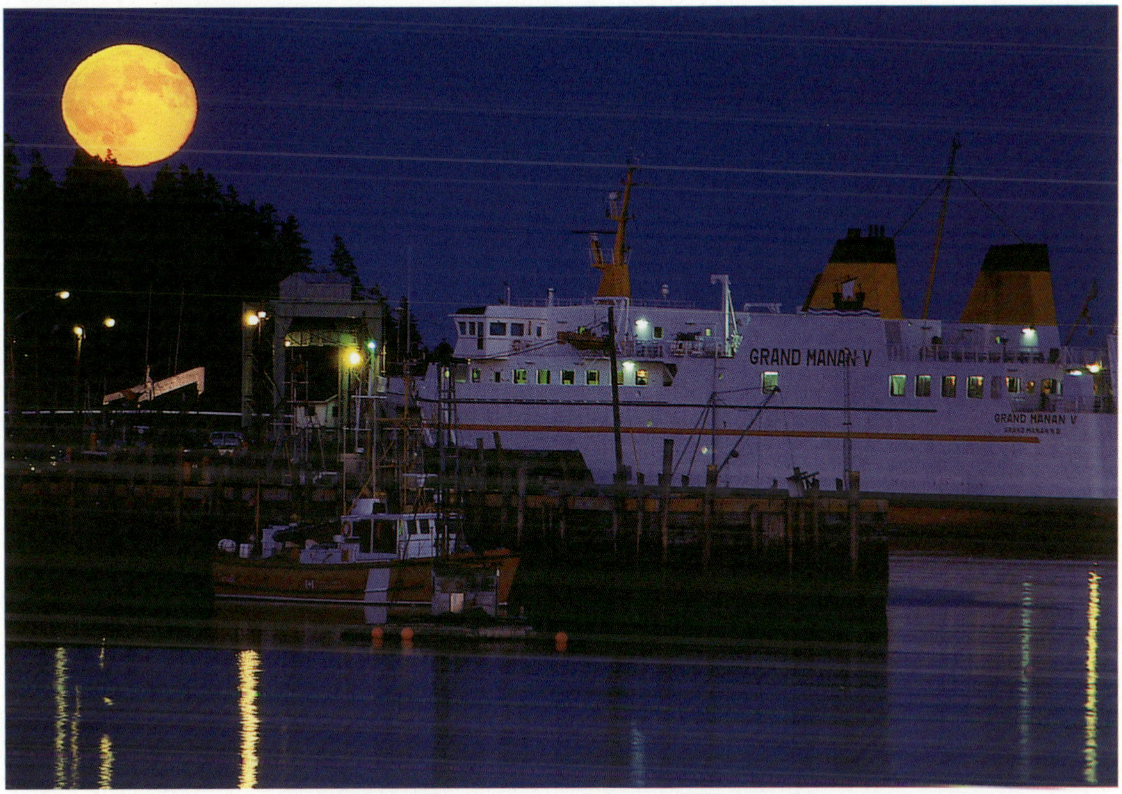

The ferry, Grand Manan V, *at the dock in North Head, Grand Manan*
Le traversier Grand Manan V *amarré à North Head, Grand Manan*

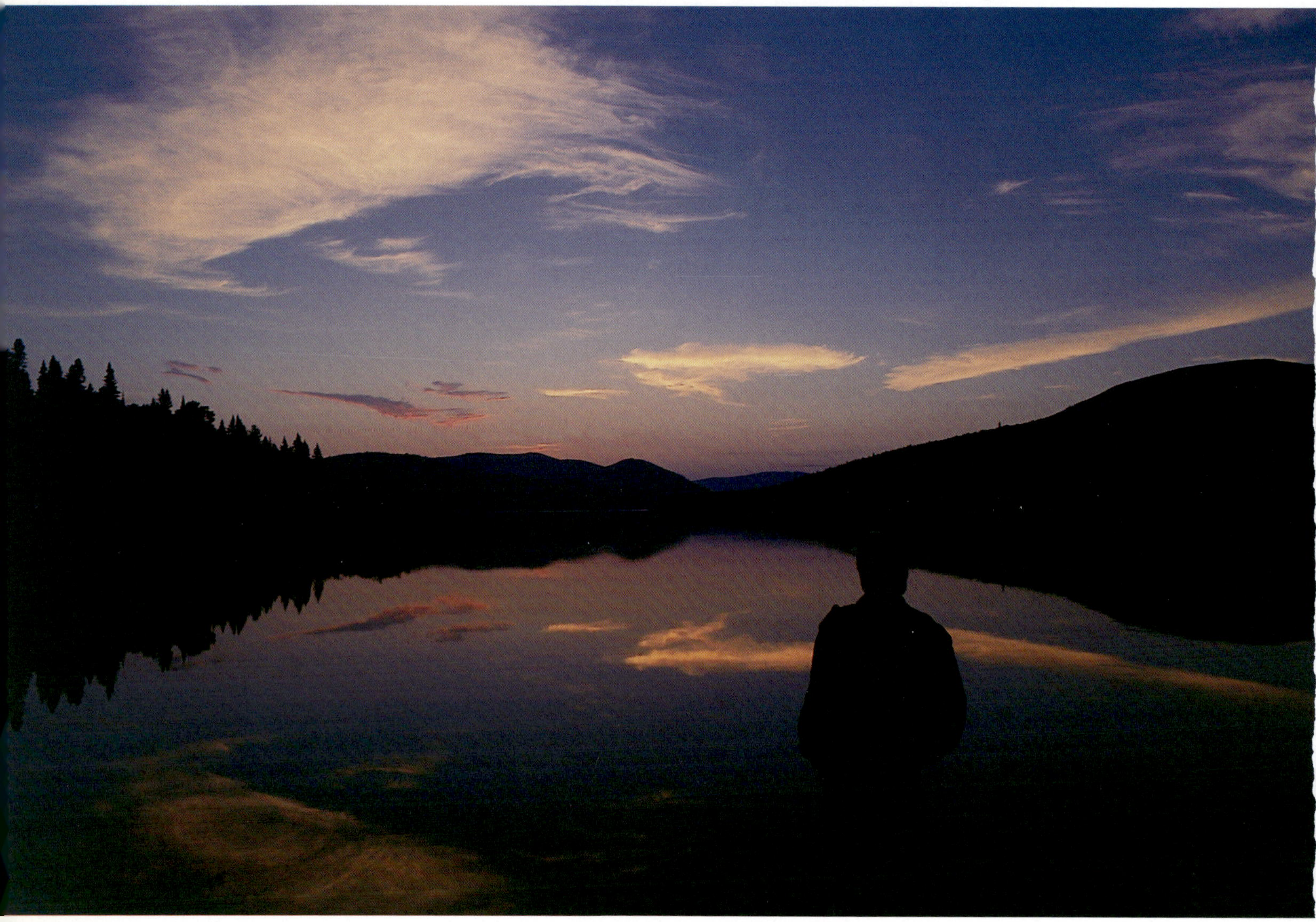

Mount Carleton Provincial Park
Le parc provincial du Mont Carleton